大宗现货投资
从入门到精通

姚京华 刘海亮◎著

民主与建设出版社
·北京·

©民主与建设出版社，2018

图书在版编目（CIP）数据

大宗现货投资：从入门到精通 / 姚京华, 刘海亮
著. -- 北京：民主与建设出版社
2018.7
ISBN 978-7-5139-2137-4

Ⅰ.①大… Ⅱ.①姚… ②刘… Ⅲ.①现货市场—投
资—研究 Ⅳ.①F830.59

中国版本图书馆CIP数据核字(2018)第120206号

大宗现货投资：从入门到精通
DAZONGXIANHUOTOUZI:CONGRUMENDAOJINGTONG

出 版 人	李声笑
著　　者	姚京华　刘海亮
责任编辑	程　旭
封面设计	MM末末美书
出版发行	民主与建设出版社有限责任公司
电　　话	（010）59417747　59419778
社　　址	北京市海淀区西三环中路10号望海楼E座7层
邮　　编	100142
印　　刷	固安县保利达印务有限公司
版　　次	2018年9月第1版
印　　次	2018年9月第1次印刷
开　　本	710毫米×960毫米　　1/16
印　　张	14
字　　数	150千字
书　　号	ISBN 978-7-5139-2137-4
定　　价	42.00元

注：如有印、装质量问题，请与出版社联系。

前　言

我关注大宗现货市场，是从认识郭远锋开始的。

此公是实际上开创大宗市场的人，也在事实上"推动"了银商通，既是市场的领跑人，也是可悲的跑路者。

早在20世纪90年代郭远锋做期货公司时，我就和他熟络。后来他不做期货了，辗转江苏、河南、甘肃、北京做仓单交易，其实圈内人都心知肚明，他搞的这个根本上就是变相期货。他在北京做华夏交易所这一段时期我和他很少联系，2008年的7月7日，我打电话给他，他当时没接，过了一会儿回过来说："哎呀，兄弟好长时间没见面了，明天一定得见面汇报一下，一定一定！你负责找人找地方，我负责买单，咱们兄弟们好好喝几杯！"

北京苏州街，人大餐厅。约的其他人都到齐了，都是投资圈里有些头脸的人物。7点多了，郭远锋不但没有来，而且电话也打不通，大佬们只好自娱自乐起来。直到饭局终了，他也没有任何音信，大家只好缺席判决他下次请兄弟们玩个大的。次日依然是联系不到他，纳闷了两天，一大早起来顺手买了一张京华时报，发现报纸头版上赫然有一行大字：华夏交易所总裁卷款逃往美国！

他遁去的时间是2008年7月9日，北京至洛杉矶。原来，那次约的饭局是他放的烟幕弹，因为怕被监听才有意这么说的。这也是我记得那场东家缺席的饭局准确时间的原因。2008年7月9日，是现货市场的"大日子"，从这天起，这类平台就被非议被抹黑，正所谓城门失火，殃及池鱼。

郭远锋早年经营期货经纪公司，"常常受交易所的气"，再加上看到期货交易所丰厚的佣金收入，他当时就多次发愿说，"我们也要搞交易所。"后来交易所搞成了，交易量也不小，一度还主导了全国大宗现货市场。本来是大宗市场的教父级人物，却被监管缺位激发了贪欲，以至于卷款而去，以不了了之。当时华夏的出入金都控制在他自己的手中，平台用的转账系统没有真正意义上的第三方托管，所以他才会有机会铸下大错。郭案发生后，工商银行上海数据中心推出了"银商通"集中式转账系统，是专门针对大宗平台量身定制的，真正实现了平台结算系统与银行的对接，实现了第三方监管。这么看来，银商通的问世，郭远锋也是"居功至伟"。

大宗市场是商品流通的必要一环，是自发形成后受政策支持的，一些偶发的个案只是监管缺位和个人不自律造成的，与这个市场的根本属性无关。大宗现货市场脱胎于传统的批发市场，通过大量的投机交易形成了有预期性和连续性的价格，对商品的生产和销售都有一定的指导意义，而且，大宗商品市场可以保证货物质量、避免三角债、降低流通费，所以它的存在有着一定的社会基础和现实需求。

第二次世界大战后，厚积薄发的美国终于取代了英国，成为世界上最强大的金融与工业国，罗斯福总统推动了三个重要的世界体系，其中之一就是布雷顿森林体系，这标志着美元霸权的开始。随后在1971年美元与黄金脱钩，1973年美国迫使石油输出国组织接受了条件，从此全球的大宗石油交易必须用美元结算。美元霸权地位的确立使美国开始掌握了全球的商品定价权。1999年欧元问世，随后就出现了科索沃战争、伊拉克战争，其实是美国人对欧元的间接金融战争。历史告诉我们，美国制定了国际金融游戏规则并不惜代价地维护，所以，随着中国等发展中国家的不断崛起，围绕大宗商品的定价权问题，必将有一个长期的博弈。这其中，大宗现货商品市场也是一个重要舞台。

1998年，江泽民主席在"亚太经合组织会议上"提出了要用电子商务的方法来推进中国的流通业现代化。此时，国内互联网应用已慢慢走进了千家万户，为电子化的商品交易市场奠定了基础，之后，国内相继建立了一批大宗商品交易中心，批发市场开始从一个局域性的有形市场转向全国甚至国际性的电子市场。近年来，我国大宗商品市场在争议中高速发展，挂牌的上千个品种几乎涵盖了国民经济的方方面面，虽然违规行为时有发生，但大宗市场还是逐步向着为实体经济服务的实质性交易迈进的。从2008年至今，交易规模在不断上升，为推动我国经济发展方式由粗放型增长到集约型增长，从低级经济结构到高级、优化的经济结构，从单纯的经济增长到全面协调可持续的经济发展的转变发挥了积极作用，未来发展潜力不可低估。

当然，对于一般投资者来说，这些都不是最需要关注的，他们最关注的是其投机属性。投机是资本市场的润滑剂，它为市场提供流动性，从而为资金融通提供了条件，源源不断地为资本市场提供所需要的资金活水。所以说，没有投机就不会有资本市场。投机不是贬义词，所以不要站在道德的制高点上来审视投机。我们知道，投机在日常的语境中，是指靠不正当手段取得自己追求的结果，但随着社会进化，投机的意义逐渐被认可，当然，投机可能会产生囚徒困境，个人的理性可能导致集体的非理性。我们应该发挥投机的长处，以个人之私汇集成市场之公，这才是对投机的正确态度。

市场的流动性只能是从交易中来，只有投资者不断买卖，市场的交易才能够得以持续，而且在不断的换手中，一个品种不断地被市场赋予价格，这就发现并形成了市场价格。虽然没有投机就没有市场，但投机也不可以过度，也需要被监管。监管的底线是不能因噎废食遏制了创新，扼杀了流动性。所以，监管与创新、监管与效率呈负相关性，过度的监管势必会束缚市场的手脚，泯灭创新的动力，同时市场效率和活力也会下降。

本书的目的，是从理论上正本清源以建言管理者，从模式上条分缕析以帮助经营者，从技巧上深入浅出以指导投资者。

是为序。

刘海亮

2017年5月于北京定慧寺

目 录

第一章　筚路蓝缕

大宗市场的历史沿革　/　001

第二章　正本清源

大宗市场的现状及监管　/　017

第三章　任重道远

大宗市场的使命和趋势　/　069

第四章　模式辨析

模式是市场智慧的结晶，不是谁的专属　/　089

第五章　软硬兼施

信息化系统是平台成功的基础　/　107

第六章　玩转交易

零起步学现货投资　/　125

第七章　进阶之路

你必须知道的投资进阶要领　/　145

第八章　赢利之道

有道无术，术尚可求　/　159

第九章　我说投资

几位资深玩家的心里话　/　185

INVESTMENT

COMMODITY
TRADING

第一章

筚路蓝缕

大宗市场的历史沿革

按照传统的定义，大宗商品是指可进入流通领域的，用于生产与消费的大批量可标准化的商品。在金融的语境下，大宗商品是指可交易、同质化、可广泛作为工业基础原材料的商品，如有色金属、铁矿石、煤炭、原油、农产品等。一般来说，大宗商品包括3个类别，即能源类、农产品类、基础原材料类。事实上，期货市场和传统的批发市场的交易标的也基本上是大宗商品，但本书所讲述的大宗商品现货市场，有别于期货市场或传统的批发市场，是类似于场外商品电子交易的市场。什么是现代意义上的大宗商品市场，其实并没有准确的定义，按前证监会主席郭树清的说法，大宗市场是介于期货市场与现货批发市场之间的市场。所以，这类市场也被称为电子盘、现货电子盘、现货交易市场、大宗市场、大宗电子盘、场外市场、中间市场等。

目前国内的这类市场，与国内的证券期货市场、国外的OTC市场相比，都存在着较大的差异。我国的大宗商品交易市场，在价格形成机制上与国外的OTC市场有着本质上的差异，在服务功能上也与证券期货市场有巨大差别。这类大宗市场既有国外OTC市场的灵活性和多样性，也有证券期货市场不具备的仓储、物流、金融等服务，是一种中国特有的商业模式。这种平台型的商品流通组织形式，或将成为国际商品交易市场发展的趋势。但是，目前国内有些贵金属、原油类交易场所，其交易价格并非通过公开竞价形成，所以是国际市场的影子市场，这类市场不以实物交收为目的，在操作上也时有违规之处，不但在国内饱受诟病，在国外也属于被加强监管的衍生品交易之列。

从功能上说，大宗市场既有期货市场的价格发现、套期保值功能，又有传统现货市场的商品流通功能，在资源配置等方面都有着不可替代的作用。大宗市场的使命是以实物交割为目的，广泛汲取国内外现货市场、期货市场、场外衍生品市场的交易理念，为实体经济服务。期货市场与大宗市场的一个区别在于交收方式的不同。期货市场往往是被动交收，一般是到了交割月份后不得不交收，而大宗市场则是根据实际需求随时交收，这是大宗市场的一个重要属性。大宗市场可以提高商品交易效率、降低交易和物流成本、有效杜绝假冒伪劣商品、扩大市场容量、形成跨地域跨境的大市场，所以发展大宗商品交易，有利于增强地区间的价格联系、提高市场效率、规范市场运行、调节市场供求关系。

中国经济的转型升级，为大宗商品开辟了广阔空间，是大宗商品市场不可多得的历史机遇。经过30多年粗放式发展，中国经济需要转型升级，实现有效益、可持续的发展，这是大宗市场生存和发展的一个前提。大宗市场要想做大做强，客观上就需要按照市场规律进行创新，以衔接生产和消费，让行业更有效益、更有竞争力。再之，中国目前有众多"互联网+"方面的创新，并催生出许多新的产业，使得传统的贸易、金融、物流等也产生了革命性的变化。在这种新常态下，大宗平台可以整合各种资源为实体经济服务，最终与实体经济融为一体，共同发展。

纵观目前的国内大宗商品产业，不但生产和流通不集中，而且交易也不活跃，这虽然是市场的一个短板，却也是大宗交易行业的未来风口。一个成熟的大宗商品产业要做到"四流合一"，如图1-1。

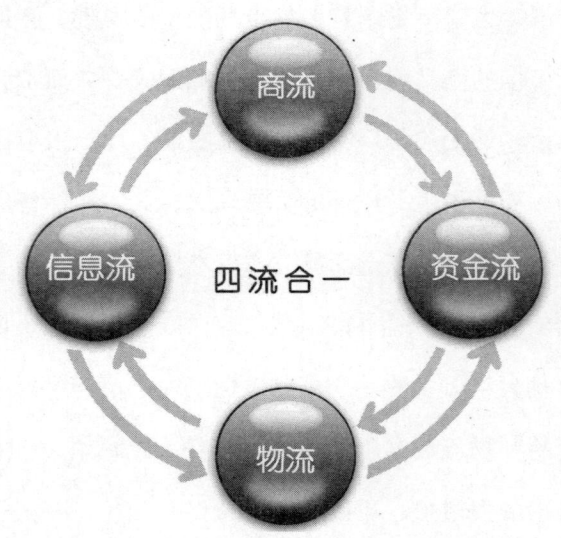

图1-1　大宗现货市场的四流合一

商品交易市场是经济发展不可或缺的一部分，我国经济体制的历次变革，都对商品交易市场产生了一定的影响。为了理解市场的发展和政策的沿革，我们先来梳理一下其基本脉络。

第一阶段（1949年～1980年）：计划经济体制下几乎没有现代意义

上的商品交易市场。

建国之初，我国经济结构简单、物质基础薄弱，发展工业就是当务之急。这一时期客观上要求集中全国的人财物力打攻坚战，因此政府就起了主导作用。当时，苏联已经积累了社会主义建设的丰富经验，所以我国参照苏联模式，在第一个五年计划期间建立起了高度集中的计划经济体制。计划经济体制从根本上说，就是国家运用指令性计划，直接掌握控制人、财、物资源，中央高度集权，所有的经济活动都必须在统一的计划范围内进行。

虽然事实证明，这一时期的政策客观上促进了生产力的发展，但是随着社会、经济的发展，高度集中的计划经济体制逐渐暴露其缺点，一是政企不分，条块分割，国家对企业控制得过多过死，企业成为国家机关的附属物；二是完全依靠行政手段管理企业，无视商品生产、价值规律和市场的作用；三是平均主义的分配方式挫伤了职工的积极性，等等。在农村，十一届三中全会以前，几乎所有的生产资料都是集体的，农民按考勤记公分，造成了大面积的出工不出力现象。由于这种经济体制束缚了生产力的发展，导致理论上有无限活力的社会主义经济在很大程度上失去了活力。

在这样的经济环境下，自由市场的交易几乎全部被禁止，更遑论现代意义上的商品交易市场。

第二阶段（1980年~1990年）：计划经济与市场经济并存，商品交易市场得以初步发展。

这一时期，以欧美为代表的西方国家在新科技革命推动的引领下，在市场经济辅以宏观调控的体制下，经济发展异常迅猛。面对此种国际经济形势，在邓小平的主导下，一张改革开放的蓝图呼之欲出。从1980年开始，国家允许企业在完成计划的前提下，放开价格自销部分产品，这就形成了价格的双轨制。价格双轨制具有两重性，一方面，它是实现中国价格模式转换的一种很好的过渡形式，推动了价格形成机制的转换，促进了主要工业生产资料的迅速发展；另一方面，在供求矛盾尖锐、计划价格与市场价格悬殊之时，某些权势人士大搞钱权交易，钻双轨制价格的空子，从中大发横财。

虽然有种种弊端，但由于价格的坚冰被慢慢消融，在政府的支持和经济制度不断转型的大环境下，商品交易市场开始萌芽，这一时期，市场的主要形式还是农贸市场。1988年3月，国务院指示"加快商业体制改革，积极发展各类批发贸易市场，探索期货交易。在发挥市场调节作用的同时，必须加强市场管理和监督。加快农村供销社改革，促进农村商品经济的发展。加快物资体制改革，减少统配物资的品种和数量，加强对重要物资的管理，逐步建立和发展各种形式的生产资料市场，搞活物资流通。"这项政策为中国现代意义上的多层次商品市场的发展奠定了基础。

第三阶段（1990年~1998年）：多层次商品市场体系的形成。

这一时期，随着我国经济体制改革步伐的加快，各类商品期货、现货、证券市场应运而生。

1990年10月12日，中国郑州粮食批发市场正式开业，这是我国第一家引进交易期货机制的国家级商品交易市场。1990年11月26日，上海证券交易所正式成立，这是建国以来内地的第一家证券交易所。1990年12月1日，深圳证券交易所试营业，并于1991年7月3日正式营业。1993年5月28日，郑州商品交易所正式推出期货交易。1995年，推出粮食集成信息网，开展电子商务，中国出现了现代化的电子商品交易模式。

受郑州模式的鼓舞，这一时期我国期货市场出现了大跃进式的发展，从计划经济的实物交易直接过渡到期货交易。到1993年底，全国期货交易所达到50多家，期货经纪公司300多家，而各类期货兼营机构更是数不胜数，由此带来的问题也越来越严重：交易所数量过多，交易品种严重重复，期货经纪机构良莠不齐，运作极不规范，这些都在一定程度上制约了我国期货市场的健康发展。个中原因，主要是管理层认识上的不足和监管的缺失，造成了在部门和地方利益的驱动下的盲目发展。为规范期货市场的发展，国务院和监管部门1995年和1998年，先后两次对期货市场进行清理整顿，最终允许设立大连、郑州、上海三个商品期货交易所。其他类似市场归入中远期交易市场，并以中远期交易需缴纳20%以上的保证金（最多5倍杠杆）作为分界，在后来的法规中还予以了明确。

第四阶段（1998年～2008年）：期货规模发展、现货交易市场开始起步。

经过1995年和1998年的整合，期货市场逐步走向规范。但1998年后，期货交易量逐步萎缩，主要原因还是监管过度。事实上，无论是期货还是现货，都是经济发展到一定程度时必然出现的产物，有需求必然就会产生市场，管理层应该因势引导，而不是因噎废食。

1998年，江泽民主席在"亚太经合组织会议上"提出了要用电子商务的方法来推进中国的流通业现代化。此时，国内开始了大规模的高速公路建设，为商品交易市场的发展奠定了物流服务基础；互联网的影响越来越大，逐步走进了千家万户，它的出现为商品交易市场奠定了信息服务的基础；1998年以来，我国政府不断推进商业银行改革，商业银行的改制，加快了金融行业的发展，并对客户提供了越来越细致的金融服务，从而进一步完善了金融服务体系。这一系列改革，极大地促进了商品交易市场的发展。以1999年由原国家内贸部及广西自治区人民政府共同批准成立的广西食糖中心批发市场为标志，国内相继建立了一批大宗商品交易中心，批发市场开始从一个局域性的有形市场转向全国甚至国际性市场。

现货交易市场虽然是在现代通讯技术、现代物流水平、现代金融工具的快速发展以及经济发展需求前提下应运而生的，但其基础主旨依然是通过某些先进的手段来实现商品所有权的转移。交易市场若要实现商品的融通，则必须解决机制中存在的以上问题，尤其是交割率低这块短板，只有切实解决好上述问题，才能够实现其促进商品融通的最终目的。这一点，市场自身在不断做着有益的尝试。但是，随着大宗商品交易市场的不断发展，其缺陷也逐步显露出来，原因主要还在于监管缺位，行业不规范，从而交割率低、资金风险大。这些问题并不是突然发生的，而是因为各地政府对市场少了监管和约束，如此野蛮生长的市场当然只会注重短期利益，甚至有人在巨大利益诱惑下铤而走险。

第五阶段（2008年至今）：现货交易市场在规范的同时快速发展。

这一阶段的发展，还得益于各大商业银行提供的资金安全保障。2008年后，中国工商银行率先针对现货交易市场推出了银商转账业务。这个业务简单来说就是把客户的资金正常情况下存放在自己的银行账户里，只在需要交易的时候，才授权银行划拨资金到市场账户，这样，客户的后顾之忧就消除了，现货市场的可信度也提升了。在工行推出这项服务后，各大银行纷纷效仿，客观上有力地支持了现货市场的发展。

随着现货市场的迅猛发展，越来越多的矛盾也逐渐爆发出来，良莠不齐的现货市场甚至影响到了宏观经济的健康发展。为此，国务院责成证监会、商务部等部委于2009年、2011年、2012年先后出台国六条、38号文件、37号文件等一系列政策规定，旨在对现货市场进行系统化的清理与整顿，维护行业的稳定发展。

自2011年开始，大宗商品交易市场如雨后春笋般诞生，目前已有千家之多。竞争者多了，鲶鱼效应使得各平台在业务流程、推广方式、风险控制、市场管理等各个方面开始不断提高、不断规范，并且在提高交割率方面也开始进行更深层次的业务规划，这既是为了符合政府的要求，也是为了业务的全面发展。当然，也有个别目光短浅的平台以非法手段侵害投资者利益，他们不但损害了行业信誉，也动摇了政府的信心，当然应该清理整顿。

事实上，目前大多数大宗市场还是抱着做大、做强、做长的经营理念来经营的，发展势头也相当惊人。努力做到让客户认可，让政府放心，已经成为大宗平台经营者的共同目标。

大宗市场是资本市场必要的一环。虽然期货市场是一个成熟的商品市场，但是期货品种覆盖面狭窄，一般来说，没有200亿元以上的年交易额就不可能在期货市场挂牌，所以小品种就缺少一个规避价格风险的渠道。大宗市场得以迅速发展，也在一定程度上解决了这个矛盾，虽有不少曲折，但毕竟是在发展中逐渐走向规范。从这个角度来说，大宗商品交易所的产生和发展，是社会主义多层次市场经济发展的客观需要和必然结果。

任何事物在发展的过程中，都难免有些曲折。大宗市场发展至今，出现了包括华夏交易所郭远锋卷款出逃案在内的不少极端案例，这些案例严重败坏了行业名声，是大宗市场发展的前车之鉴。

事实上，郭远锋一直是搞资金游戏的，从非法集资到期货对赌到现货平台卷款潜逃，既是自己的贪欲所致，也有监管不力的原因。郭远锋虽是臭名昭著，却也有一定的"历史作用"，一是推动了现货交易模式的成熟，二是间接推动了银行介入第三方资金存管，三是敲响了监管的警钟。华夏商品交易所之所以会出现总裁卷款潜逃，归根结底，在于交易资金监管措施的不健全，客户在没有任何第三方银行机构保证的情况下，直接将资金存放于交易市场，留下了巨大的安全隐患。在下海初期，郭远锋搞养殖亏损，为了弥补亏空，他搞起了投资公司，其实是在玩集资的资金游戏，后来经营万鑫期货时也搞了不少和客户对赌的游戏，最后以被吊销营业执照收场。离开期货经纪市场后，他成立了"中国商品现货交易市场"，因会员众多、交易活跃曾经显赫一时。在经营北京华夏时，他的资金操作流程漏洞很多，交易账号与银行绑定听起来安全，但和证券期货资金的银行第三方存管完全不同，客户的交易资金完全无法被监管。正是这个漏洞，把郭远锋逼到了逃美的不归路，也给了数以万计的投资者一个深刻的教训。

有些市场操作极不规范。例如2009年5月25日，交投活跃的沂蒙山花生大宗商品市场，突然宣布将所有交易商合约强行平仓，关闭市场。讽刺的是，在2009年5月21日的全国供销社会议上，沂蒙山市场还是重点学习对象之一，可是会议结束后该市场只交易了一天，就宣布停盘，市场给出的公告解释说，停止交易进行整顿，持仓合约按照最后5个交易日的结算价的算数平均价执行集中代为转让。这在本质上，就是按指定价格协议平仓，或者叫强制平仓。后来查明，这起事件发生的原因是有人违规、恶意操纵市场。自从2009年以来，主力合约0911逆市超跌，因价格超低，交易商都做多买入。但是，价格却一跌再跌，主力合约花生米跌幅巨大，最低跌到3.72元/公斤，而同期花生米现货价为5.80元/公斤。显然，这是主力在恶意操纵市场。最后市场却以超低价3.75元/公斤，将主力及交易商所有合约平仓，使遍布全国的1000多名交易商全部惨遭损失，数额达1.2亿元。为此，全国各地的交易商汇聚到交易市场讨要说法。对于该事件的原因，有分析认为市场主力看错行情做空，最终主力只有无奈砸盘，以逼迫做多的人平仓，这最终造成了电子盘价格与现货价格的严重背离。

沂蒙山花生大宗商品市场自己违规，自己做黑庄，用虚拟资金操纵市场，让遍布全国的上千交易商蒙受巨大经济损失，同时还严重损害了政府的形象，影响恶劣。究其原因，除了监管不到位，主因还是平台以虚拟资金参与交易，吊诡的是，他们以操纵市场的地位还能做错方向，其草台班子的形象昭然若揭。

另外，大宗市场之前还普遍存在着一个严重问题，就是部分代理商违规操作，加大了整个行业的炒作之风。代理商在代客理财的过程中主要存在两个问题：一个是欺骗散户，夸大盈利，骗取客户密码进行恶意刷单，有的时候一天或是几天就让客户亏损了几万元到几十万元；另一个是，某些代理机构涉嫌和市场合谋通过代客理财的方式获取客户密码，直接通过市场的不活跃合约对倒客户资金，把客户资金对倒入自己的关联利益账号，散户有可能几分钟就亏空了所有的钱。

以白银为代表的OTC市场也曾是乱象丛生。2014年的央视315节目揭露了白银OTC市场的乱象。当时，国内从事现货白银投资代理的有几百家，号称双向交易，涨跌都有机会赚钱，而且24小时不间断交易，没有涨跌幅限制，更没有交易次数限制，所以赢利空间巨大。事实上，客户每交易一次，除了要缴纳高额的手续费之外，还要支付点差、延时费等费用，这还不算，代理商的另一部分盈利竟然是来自于客户的亏损！业内把这种做法叫作分头寸。就是这个分头寸，一下子把代理商和客户的利益对立起来，成了客户跟平台对赌，你赚了就意味着代理商亏了。因为是对立关系，所以当客户有机会赚钱的时候，交易软件总会出现一些异常情况，出不了单也进不了单，赚钱的机会来了操作不了，持仓赢利时无法及时平仓。原来，这些公司的后台是专门有人做风控的，这种所谓风控，就是设法在必要时让客户无法正常操作，就这么几分钟甚至几秒钟就把客户的机会给卡过去了。

这些不明真相的投资者，从一开始就落入了交易所、会员和代理商精心设计的赌局甚至是骗局里，成为了案板上的鱼肉，任人宰割，所以亏损者十之八九。这些所谓的OTC，资金基本上没有进入国际市场，还是在国内封闭操作。所以一般来说，客户在模拟操作时都是有亏有赚，有时还能赚不少钱，但是你进入实际操作就不同了，这不是因为实操时心态的问题，而是后台在搞鬼。这种种乱象形成了市场上的一块毒瘤，给整个行业抹了黑。况且，这种交易方式即便没有黑幕，也无益于实体经济，当然应该整治。

大宗商品市场曾经的乱象，造成了许多客户对平台的诉讼，其中的三个重要判例很有参考价值。

第一个判例来自2016年4月3日上海市第一中级法院的一项裁定。尽管某交易中心自称系合法机构，且所进行的交易为现货交易并非期货交易，以及公安机关认为本案不是刑事案件，但是上海一中院仍然认为，根据国务院"38号文"的规定，非经批准任何单位一律不得以集中竞价、电子撮合、匿名交易、做市商等集中交易方式进行标准化合约交易，而该交易中心采用了标准化合约交易，本案存在涉嫌经济犯罪的嫌疑。根据这个判例，目前大宗商品市场可能都存在这样的问题。

第二个判例来自南京市六合区法院。该院2016年12月在审定某交易商与某会员单位交易中心投资理财的判决书中明确指出，虽然认定了某交易中心有标准化合约的特征，同时交易目的并非为获取商品所有权，也从未进行过商品实物的销售，但是暗设交易模式，不符合集中交易中任何一种交易方式特征。另外，从"38号文""37号文"有关政策及制定的目的看，应解读为各省级人民政府据此清理整顿相关不规范行为的规定，非《合同法》规定的合同无效的效力性强制规定，以此为依据要求确认交易行为为期货交易或者变相期货交易，进而主张合同无效，与法不符。某交易中心的交易模式尽管具有标准化合约交易的特点，该交易模式非传统现货交易模式，也区别于期货交易模式，无法律规定对该交易模式进行明确禁止，根据法无禁止即许可的原则，本院不宜确认该交易模式无效。这个判例和第一个判例里的判决结果完全相反。

第三个判例来自最高人民法院。甘肃一名起诉人不服从甘肃省高级人民法院的民事判决，向最高人民法院申请再审，最高人民法院驳回投资人对现货交易场所终审再审申请的请求，这一案件彻底终结。最高人民法院认为，本案再度审查的焦点是客户协议书是否无效，交易损失由谁承担，本案合同约定的是贵金属现货交易和现货延期交易，不属于期货交易，不适用《期货交易管理条例》，甘肃高院判决无误，因此驳回申请。这一判例与第一个判例也完全不同。

虽然中国的法律是成文法而不是判例法，但是上述三个判例对我们理解大宗商品市场、规范经营有重要参考价值。

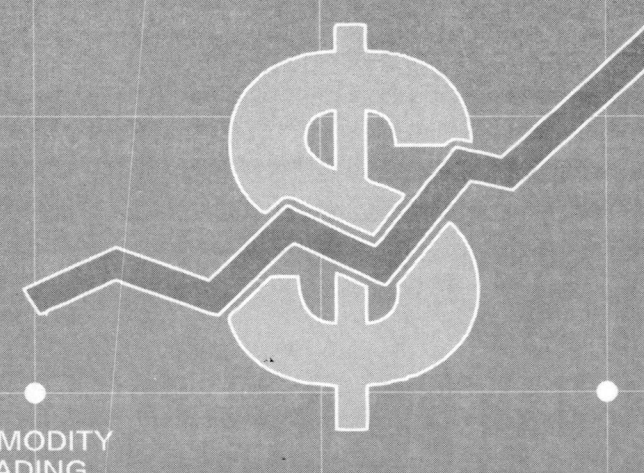

INVESTMENT

COMMODITY
TRADING

第二章

正本清源

大宗市场的现状及监管

大宗商品交易市场的今天，整肃违规平台、在规范中发展是主旋律。对于大宗商品市场来说，只有服务实体经济、服务流通需求，杜绝变相的衍生品交易，才不致使市场出现非理性状态。目前，国家大力整顿大宗商品市场，其目的是继续规范和扶持大宗商品市场的发展。

目前，在政府的有效监管下，大宗交易市场努力服务实体经济，同时结合上线标的商品的流通特点、结合本地优势商品及其市场特点，准确把握自身功能定位，形成当地优势商品为主的标的物，真正促进我国物流体系的改革。

据中国大宗商品发展研究中心的报告显示，2016年全国新成立现货交易平台约88家；据"交易中国"的不完全统计，2017年，共有112家交易所（平台）新上线，66家正在筹建当中，总计178家。截至2018年初，全国大宗商品电子交易平台总数已突破1 700家，这其中没有开业或被迫停业的僵尸平台占一大半，剩余的也有不少没有省级批复。除了数量有明显增长外，2018年国内大宗商品现货交易平台的质量也有明显提升，生意社在对获得省级批复的300多家商品现货类交易平台统计数据显示，大约有70%的交易平台正常运营，并在积极探索符合产业发展需求的介于期货和现货之间的大宗商品交易模式。目前，活跃的大宗市场中，以金银等贵金属为主要标的的占20%。

一个不容忽视的现象是，近年来，部分知名互联网企业也推出了诸如贵金属的投资产品，如腾讯微黄金、迅雷爱交易等。

另据生意社价格监测，2016年大宗商品价格涨跌榜中环比上升的商品共237种，集中在化工板块（共92种）和农副板块（共28种），涨幅在5%以上的商品主要集中在化工板块；环比下降的商品共52种，集中在化工（共27种）和农副（共13种），跌幅在5%以上的商品主要集中在化工板块。2016年大宗商品均涨跌幅为29.89%，如图2-1。

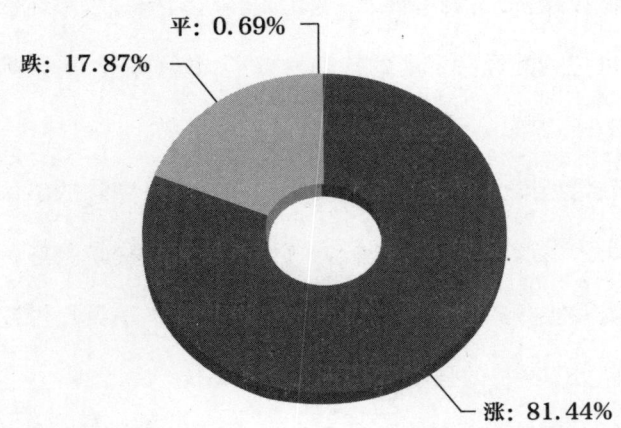

图2-1 2016年大宗商品价格涨跌榜
数据来源：生意社

随着供给侧结构性改革的践行深入，2016年以来，大宗商品场内场外市场都呈日渐活跃的态势，特别是场外市场交易形式多样，未来发展潜力巨大。随着互联网技术的发展，借鉴国外的路径和中国的实践经验，场内场外两个市场应该是融合的趋势。两个市场在操作上相互借鉴，可以刺激交易模式和技术的创新，在服务实体经济的基础上，朝着全球化定价中心的目标发展。为此，我国需要有更多样的市场变化、更广泛的市场参与、更高的安全需求和更完善的大宗市场生态环境。

近年来，我国大宗商品市场在争议中高速发展，挂牌的上千个品种几乎涵盖了国民经济的方方面面，虽然违规行为时有发生，但大宗市场还是逐步向着为实体经济服务的实质性交易迈进的。从2008年至今，市场交易规模在不断上升，为推动我国经济发展方式由粗放型增长到集约型增长，从低级经济结构到高级、优化的经济结构，从单纯的经济增长到全面协调可持续的经济发展的转变发挥了积极作用，未来的发展潜力不可低估。

从市场理论角度分析，期货、现货应该是一个完整的不可分割的市场，目的都是为生产经营者服务，为贸易服务，为交易服务，也为社会资源的合理配置服务。大宗商品快速发展的背后，不只是投资的需求，主要是因为有实体经济的强烈需求。

大宗商品交易平台自诞生之日起就不断主动适应中国经济发展新常态，为实体经济发展和商品流通提供了有力的探索和支持，在一定程度上适应了实体经济发展的需要。2016年，大宗商品行情的火爆促进了平台数量和质量的提升，但是为了少走弯路，在发展中需要加强监管，从而提升质量，减少系统风险，更好地对接和服务实体经济。

目前，大宗商品市场还存在着一些普遍的问题，主要表现在交易标的体量小、同类品种市场间关联不足以及价格发现功能弱等等。这些问题的产生主要有四方面原因。一是交易场所定位不明晰，造成了个别平台过于注重短期利益，没有长期发展的远见。二是交易过度金融化和杠杆化，个别平台纵容严重脱离基本面的炒作，造成了过度金融化而缺少现货交收，更有甚者，有些交易场所在风险控制措施不力的前提下，贸然加大杠杆而酿成投资风险。三是个别平台的信息透明度低，会员管理混乱，缺乏客观的审核标准。四是平台数量在不断扩容，势必有些平台是新手们在运作，他们不知道如何服务实体，却终因实体经济的强劲需求而左冲右突，严重影响了大宗市场的整体形象。

回头来看，我国的现货市场自出现以来一直发展迅速，在每一个阶段都满足了我国市场经济快速发展的需求，已经成为我国多层次商品市场体系中的重要组成部分。然而，在快速发展的同时，由于行业自律及监管的缺失，市场发展混乱，一个依托于实体经济、服务于实体经济的大宗商品市场一度变成了以投机为主的市场，这严重制约了市场的健康发展。在行业的成长过程中，虽然成绩斐然，但由于种种原因，在规范和监管市场方面还是交了不少学费。为了促进市场和监管层的有效沟通和相互理解，我们来回顾一下这些年来市场经历了什么，围绕着大宗商品市场的发展与监管，监管层又出台了哪些重要的政策措施？

从1997年到2008年，经历了漫长的十年，大宗商品市场的身份才逐渐被认可，这张来之不易的出生证，标示着行业终于有了合法性。

早在1997年，商务部等八部委进行联合论证，支持探索新型的现货交易模式，开展即期现货或中远期订货交易。1998年，国务院在十五经济发展规划中提出要稳步发展大宗商品交易，之后，国家质量技术监督局发布了大宗商品电子交易规范。2005年，国务院办公厅发布了《关于加快电子商务发展的若干意见》，强力支持和推动了市场的发展。此后，大宗商品市场得以迅速发展，据大宗商品电子交易发展论坛报告，大宗商品市场2006年不足300家，2011年增至近700家。2008年3月，商务部正式通过了《中国大宗商品电子交易规范》（GB-T18769-2003）（此内容在2002年出台，2003年7月修订），并将其纳入到中央政府认可的国家级行业规范中。从此，大宗商品市场有了正式的身份，为市场的成长提供了法律法规层面的保障。

《中国大宗商品电子交易规范》和2004年的人大常委会通过的《电子签名法》是其后的一个时期内大宗市场的管理规范和主要法律依据，不过，这些法律法规并不具有对大宗商品市场的针对性，只是一般意义上的行业标准，属于没有强制力的推荐性标准。所以，在立法滞后的背景下，2009年至2010年大宗商品市场野蛮生长，所引发的几起风险事件触发了国家四部委的联合检查。2009年至2010年，工商总局和商务部发起了多次整顿，商务部还签发了空前严厉的"国六条"，国务院也专门致函各省市，要求落实。"国六条"的全称是《中远期交易市场整顿规范工作指导意见》，文件明令禁止设立新的大宗商品中远期交易市场、保障资金安全、禁止自然人和无行业背景的企业入市交易、禁止代理业务、规范保证金缴纳形式、限定每个交易品种和每个交易商的最大订货量。但"国六条"的内容也仅限于事先防范和事中监督。事后对不当行为的责任追究在法律层面依然缺乏有效的支持，且其法律效力仍只停留在部门规章，所以最后还是不了了之，没有得到认真的贯彻执行。

2011年可谓是不平静的一年，大宗商品市场经历了规模最大、历时最长的整顿。当年11月，《国务院关于清理整顿各类交易场所切实防范金融风险的决定》（国发38号文）下发，标志着新一轮对各类交易场所清理整顿的开始。2012年7月，《国务院办公厅关于清理整顿各类交易市场的实施意见》（国发办37号）下发。37号文对38号文进行了细化补充，明确要求严格执行交易场所审批政策，指出今后凡新设交易所的，除经国务院或国务院金融管理部门批准的以外，必须报省级人民政府批准。在此两份文件施行之前，交易市场和交易中心的设立不需经过前置行政审批，仅需其地方工商部门登记注册就能设立。37号文和38号文对各类交易所的监管框架进行了仔细的勾勒，联席会议制度也由此诞生。两份文件明确了各类交易所清理整顿的政策界限和措施，并取得了一定的成效，平台的违法违规现象在一定程度上得到了遏制。此后，2013年至2016年，大宗商品市场在清理整顿中得以成长，此间出台的28号文延续了清理整顿政策，各省、市、自治区都出台了相应的执行文件。

2013年11月，商务部、人民银行和证监会联合发布《商品现货市场交易特别规定（试行）（2013）。

2014年4月，工商总局发布了《网络交易平台经营者履行社会责任指引》，又在一定程度上改善了现货交易市场无法可依的状况。

2013年12月，证监会等六部委下发了《关于禁止以电子商务名义开展标准化合约交易活动的通知》。

2014年6月，证监会清整办发布了《关于开展各类交易场所现场检查的通知》（28号文），标志着第二轮清理整顿开启。

2015年，国家对现货交易市场的清理整顿力度空前强大，其中，针对贵金属类、石油类交易场所暴露出的问题，多部委及各省市从各方面开展了清理整顿工作。例如，证监会发布贵金属类交易场所专项整治工作安排的通知，整顿措施之严厉，联合部门之多，在国内贵金属市场管理历史上可谓罕见。同时，证监会、商务部表态尚未批准任何一家交易市场从事原油、成品油交易。

2016年至2017年，整顿仍在继续，各省市自治区都发布了具体的实施方案，大宗市场得以基本的规范，使实体经济服务的政策得以有效的贯彻。

回顾这段经历我们了解到，只有政策法规的完善、监管力度的加强，才会使行业发展更加有序规范，从而枝繁叶茂、茁壮成长。

表2-1我们整理了一下政策法规的脉络走向。

表2-1 2003年以来国家关于大宗交易市场的政策法规

颁布时间	政策法规名称
2003年	国家质检总局出台《大宗商品电子交易规范》
2004年	全国人大常委会通过的《电子签名法》
2005年	国务院办公厅发布的《关于加快电子商务发展的若干意见》
2007年	商务部发布《关于大宗商品交易市场限期整改有关问题》（商建发〔2007〕138号）
2007年	部委联合行文《建立和完善知识产权交易市场指导意见》（发改企业〔2007〕3371号
2008年	商务部、公安部、国家工商行政管理总局、中国证监会四部委下达《关于开展大宗商品市场全面检查的通知》
2010年	商务部、证监会等六部委颁布《中远期交易市场整顿规范工作指导意见》
2011年	国务院发布《关于清理整顿各类交易场所切实防范金融风险的决定》（国发〔2011〕38号）
2011年	工商总局发布《关于贯彻落实国务院决定做好各类交易场所清理整顿工作的意见》（工商企字〔2011〕234号）
2011年	部委联合行文《关于加强黄金交易所或从事黄金交易平台管理》（银发〔2011〕301号）、《关于贯彻落实国务院决定加强文化产权交易和艺术品交易管理的意见》中宣发〔2011〕49号）
2011年	文化部发布《关于加强艺术品市场管理工作》（文市发〔2011〕55号）
2012年	国务院办公厅颁布国办发〔2012〕37号《关于清理整顿各类交易场所的实施意见》
2012年	证监会发布《关于规范证券公司参与区域性股权交易市场的指导意见（试行）》的通知（证监会公告（2012）20号）
2012年	保监会发布《关于做好清理整顿各类交易场所相关工作》（保监发改〔2013〕253号）

续

2013年	部委联合行文《商品现货市场交易特别规定（试行）》（商务部令2013年第3号）
	国务院《关于同意建立清理整顿各类交易场所部际联席会议制度的批复》（国函〔2012〕3号）
	证监会牵头六部委下发《关于禁止以电子商务名义开展标准化合约交易活动的通知》
	证监会下发《关于做好商品现货市场非法期货交易活动认定有关工作的通知》、《关于发布证券公司参与区域性股权交易市场业务规范》（中证协发〔2013〕17号）、《关于禁止以电子商务名义开展标准化合约交易活动》（证监发〔2013〕74号）
	工商总局发布《关于加强商品交易市场规范管理指导意见》（工商市字〔2013〕210号）
	银监会《关于提请关注近期清理整顿交易场所各类风险的函》（银监办便函〔2013〕721号）
2014年	部际联席会议下发《关于开展各类交易场所现场检查的通知》（清整联办28号）
2015年	清理整顿各类交易场所部际联合会议发布《关于印发贵金属类交易场所专项整治工作安排的通知》（清整联办〔2015〕7号）
2017年	《关于做好清理整顿各类交易场所"回头看"前期阶段有关工作的通知》（清整联办〔2017〕31号文）

从原理上来说，在中国经济发展的现阶段，大宗市场应该以服务实体经济为根本导向，努力发挥自身的价格发现、现货交收和套期保值功能。但是在实践中，很多平台的交易模式本身并不具有价格发现和现货交收功能，也很少有现货企业参与交易，对实体经济的发展基本没有太大的意义，应该进行清理整顿。

上文中我们梳理了针对这些乱象管理层的监管措施，以下我们对其中最严厉的38、37 号文进行解读，以利于市场监管者、经营者、参与者的学习和执行。其实38号文在先，37号文在后，编号是按照当年国务院办公厅的发文顺序排列的。

先看原文：

国务院关于清理整顿各类交易场所切实防范金融风险的决定

国发〔2011〕38 号

各省、自治区、直辖市人民政府，国务院各部委、各直属机构：

近年来，一些地区为推进权益（如股权、产权等）和商品市场发展，陆续批准设立了一些从事产权交易、文化艺术品交易和大宗商品中远期交易等各种类型的交易场所（以下简称交易场所）。由于缺乏规范管理，在交易场所设立和交易活动中违法违规问题日益突出，风险不断暴露，引起了社会广泛关注。为防范金融风险，规范市场秩序，维护社会稳定，现作出如下决定：

一、高度重视各类交易场所违法交易活动蕴藏的风险

交易场所是为所有市场参与者提供平等、透明交易机会，进行有序交易的平台，具有较强的社会性和公开性，需要依法规范管理，确保安全运行。其中，证券和期货交易更是具有特殊的金融属性和风险属性，直接关系到经济金融安全和社会稳定，必须在经批准的特定交易场所，遵循严格的管理制度规范进行。目前，一些交易场所未经批准违法开展证券期货交易活动；有的交易场所管理不规范，存在严重投

机和价格操纵行为；个别交易场所股东直接参与买卖，甚至发生管理人员侵吞客户资金、经营者卷款逃跑等问题。这些问题如发展蔓延下去，极易引发系统性、区域性金融风险，甚至影响社会稳定，必须及早采取措施坚决予以纠正。

各地人民政府和国务院有关部门要统一认识，高度重视各类交易场所存在的违法违规问题，从维护市场秩序和社会稳定的大局出发，切实做好清理整顿各类交易场所和规范市场秩序的各项工作。各类交易场所要建立健全规章制度，严格遵守信息披露、公平交易和风险管理等各项规定。建立与风险承受能力、投资知识和经验相适应的投资者管理制度，提高投资者风险意识和辨别能力，切实保护投资者合法权益。

二、建立分工明确、密切协作的工作机制

为加强对清理整顿交易场所和规范市场秩序工作的组织领导，形成既有分工又相互配合的监管机制，建立由证监会牵头，有关部门参加的"清理整顿各类交易场所部际联席会议"（以下简称联席会议）制度。联席会议的主要任务是，统筹协调有关部门和省级人民政府清理整顿违法证券期货交易工作，督导建立对各类交易场所和交易产品的规范管理制度，完成国务院交办的其他事项。联席会议日常办事机构设在证监会。

联席会议不代替国务院有关部门和省级人民政府的监管职责。对经国务院或国务院金融管理部门批准设立从事金融产品交易的交易场所，由国务院金融管理部门负责日常监管。其他交易场所均由省级人民政府按照属地管理原则负责监管，并切实做好统计监测、违规处理和风险处置工作。联席会议及相关部门和省级人民政府要及时沟通情况，加强协调配合，齐心协力做好各类交易场所清理整顿和规范工作。

三、健全管理制度、严格管理程序

自本决定下发之日起，除依法设立的证券交易所或国务院批准的从事金融产品交易的交易场所外，任何交易场所均不得将任何权益拆分为均等份额公开发行，不得采取集中竞价、做市商等集中交易方式进行交易；不得将权益按照标准化交易单位持续挂牌交易，任何投资者买入后卖出或卖出后买入同一交易品种的时间间隔不得少于5个交易日；除法律、行政法规另有规定外，权益持有人累计不得超过200人。

除依法经国务院或国务院期货监管机构批准设立从事期货交易的交易场所外，任何单位一律不得以集中竞价、电子撮合、匿名交易、做市商等集中交易方式进行标准化合约交易。

从事保险、信贷、黄金等金融产品交易的交易场所，必须经国务院相关金融管理部门批准设立。

为规范交易场所名称，凡使用"交易所"字样的交易场所，除经国务院或国务院金融管理部门批准的外，必须报省级人民政府批准；省级人民政府批准前，应征求联席会议意见。未按上述规定批准设立或违反上述规定在名称中使用"交易所"字样的交易场所，工商部门不得为其办理工商登记。

四、稳妥推进清理整顿工作

各省级人民政府要立即成立领导小组，建立工作机制，根据法律、行政法规和本决定的要求，按照属地管理原则，对本地区各类交易场所，进行一次集中清理整顿，其中重点是坚决纠正违法证券期货交易活动，并采取有效措施确保投资者资金安全和社会稳定。对从事违法证券期货交易活动的交易场所，严禁以任何方式扩大业务范围，严禁新增交易品种，严禁新增投资者，并限期取消或结束交易活动；未经批准在交易场所名称中使用"交易所"字样的交易场所，应限期清理规范。在清理整顿期间，不得设立新的开展标准化产品或合约交易的交易场所。各省级人民政府要尽快制定清理整顿工作方案，于2011年12月底前报国务院备案。

联席会议要切实负起责任，加强组织指导和督促检查，切实推动清理整顿工作有效、有序开展。商务部要在联席会议工作机制下，负责对大宗商品中远期交易市场清理整顿工作的监督、检查和指导，抓紧制定大宗商品交易市场管理办法，确保大宗商品中远期交易市场有序回归现货市场。联席会议各有关部门要按照职责分工，加强沟通，相互配合，相互支持，尽职尽责做好工作。金融机构不得为违法证券期货交易活动提供承销、开户、托管、资金划转、代理买卖、投资咨询、保险等服务；已提供服务的金融机构，要及时开展自查自清，做好善后工作。

国务院

2011年11月11日

深度解读：

38号文发布的时间是2011年11月11日，这个日期太独特了，不知道是否有意选择的。该文的全称是《国务院关于清理整顿各类交易场所切实防范金融风险的决定》，文中连用了五个"不得"，一经发布，就在业内引起了轩然大波。

虽然38号文意在疏导而不是关停，但文中严格限制了"文化艺术品交易标的类证券化"，认为这种行为违反了现行相关金融证券类法律的禁止性条文，应当严加治理，但当时并没有给出规范指引。艺术品份额化是继艺术基金后又一项艺术品与金融结合的创新尝试，市场繁荣的背后也存在着较大的隐患。这种尝试有两种模式，一种是类证券化的交易模式，即以天津文化艺术品交易所为代表的"份额交易模式"，以其推出的黄河咆哮等份额化产品为代表；另一种是"产权交易模式"，以深圳、上海为代表，以其各自推出的"杨培江1号""黄钢1号"产品为代表。这其中，份额交易模式最为引人注目，也因此成为规范整改的重点，试水艺术品份额交易天津文化艺术品交易所（与天津文化产权交易所无头）从先驱变成了先烈。

清理整顿有利于正规文化产权交易市场的规范健康发展，38号文也对有意参与其中的民间资金提出了更高要求。对于中小个人投资者而言，严格监管的市场会对他们有全面的保护，因此会受到普遍的欢迎。

不过，对于38号文的执行力度、执行难度、执行效果评估，业内人士莫衷一是。从政策的字面上看，不是不允许份额化，而是说不能做份额化的集中交易，不能份额化公开发行。关于份额化，这里有一个重点应该特别注重，就是"200人以内不算份额化"。从现行法规上看，只要不对200人以上不特定人群发行，就不算公开发行。所以，按照38号文，200人以内，是一个特定的空间限制。38号文的五个"不得"，就是"除依法设立的证券交易所或国务院批准的从事金融产品交易的交易场所外，任何交易场所均不得将任何权益拆分为均等份额公开发行；不得采取集中竞价、做市商等集中交易方式进行交易；不得将权益按照标准化交易单位持续挂牌交易；任何投资者买入后卖出或卖出后买入同一交易品种的时间间隔不得少于5个交易日；除法律、行政法规另有规定外，权益持有人累计不得超过200人。"虽然措辞严厉，但也明确地给交易场所"200人"的特定发展空间。

38号文件要求，由证监会牵头，建立联席会议机制，清理整顿包括从事产权交易、文化艺术品交易、大宗商品中的远期交易等内容的交易所，并要求各省级人民政府于当年12月底前将清理整顿工作方案报国务院备案。

很快，2012年1月12日，国务院办公厅发布了《关于同意建立清理整顿各类交易场所部际联席会议制度的批复》。该批复指出，同意建立由证监会牵头的清理整顿各类交易场所部际联席会议制度。联席会议由证监会牵头，发展改革委、科技部、工业和信息化部、公安部、监察部、财政部、国土资源部、环境保护部、农业部、商务部、文化部、人民银行、国资委、工商总局、广电总局、国家林业局、知识产权局、国务院法制办、银监会、保监会，以及中央宣传部、高法院、高检院等有关单位参加。联席会议召集人由证监会有关负责人担任，各成员单位有关负责人为联席会议成员。联席会议的主要职责是：在国务院的领导下，会同有关部门和省级人民政府，明确任务分工，加强协调配合，切实有效地贯彻落实国务院关于清理整顿各类交易场所的方针和政策；研究清理整顿各类交易场所的相关法律法规和政策文件，提出完善相关法律法规和有关规章制度的意见和建议，提供政策解释，组织制定有关规章。此外，联席会议的职责还包括：统筹协调、督促、指导省级人民政府开展各类交易场所清理整顿工作；根据相关单位的要求，组织有关部门和省级人民政府对各类交易场所涉嫌违法证券期货交易活动进行性质认定，并由证监会依法出具认定意见；督导有关部门和省级人民政府建立对交易场所和交易产品的规范管理制度；对省级人民政府拟批准设立的交易所提出意见；汇总各部门、省级人民政府报送的清理整顿各类交易场所工作情况，并及时上报国务院。

这次清理整顿的原因，还有当时实体经济不振使得有金融意味的大宗商品市场得到快速生长，它的成交额巨大因而分流了不少证券期货行业的资金；而且，这个行业也的确存在"个别交易所股东直接参与买卖，甚至发生管理人员侵吞客户资金、经营者卷款逃跑等问题"。这些负面事件影响确实不小，例如郭远锋的华夏交易所案件，沂蒙山花生事件，中国化工网的对赌，浙江蚕丝电子交易中心，龙鼎大蒜交易市场等，这样的场所，当然应该成为清理整顿的对象。

管理层和经营者之间的猫鼠游戏历来有之。在新中国20多年的证券期货市场的发展过程中，管理层也曾采用"一刀切"的政策干预市场规则，结果带来的负面效应远超过带来的利益。一个直接的例子就是，1995年初，我国把股市的T+0修改为T+1，结果导致大盘暴跌，1998年第二次整顿期货交易所，导致了期货市场连续几年的大幅滑坡，连实体企业的套保也因流动性不够而无法正常进行。从38号文中可以看出，国务院给了地方政府很大的自由，也就是所谓的属地化管理。如果地方政府力挺当地的优势平台，这个平台就可以大概率地得以保留。在天津等地，由于有金融方面"先行先试"等区域性的国家政策优势，新模式层出不穷，政府监管也比较人性化，所以平台发展走在了全国的前列。这些模式虽然不一定都能获得成功，但都贯彻了交易市场的核心功能，就是优化资源配置、降低交易成本、推动公开透明、促进国家经济和产业结构调整、促进中国成为更多大宗商品国际定价中心。在实践中他们认识到，大宗交易有一定的外部性，它的社会职能应该被认真地重视，一旦运用不当，就可能引发诸如助长社会投机情绪，损害弱势群体利益、扰乱经济秩序、影响社会稳定等，这种认识对行业的大规模高质量的发展，起到了先导性的作用。

这次清理整顿的重点，主要是有份额化嫌疑的文交所、引入国际行情的贵金属平台以及部分不规范的中远期市场。清理整顿要求交易场所要符合国家总体战略的要求，所以各交易场所应该根据自身的状况和实际形势需求，重新回到为实体经济服务的本真上来。

该文的本意是希望大宗商品市场能够务正业、干正事、回归现货、服务实体经济。所以，无论是交易机制，还是交易价格，都应该与服务现货市场密不可分。国内交易场所大致有两类方式：一类是现货交易，以鼓励交割为目的；另一类则完全沉溺于虚拟经济，甚至通过非法配资、做市商资金等方式盲目扩大交易，并严重操纵市场价格，以猎杀资金为目的。所以，政府才痛下决心进行一次刮骨疗毒。

38号文的大力整治虽然取得了一定的效果，但由于其中还有些地方设计的不尽详细，无法从根本上纠正市场的违规越线问题，所以国务院办公厅旋即又推出了37号文，我们先来看看原文：

国务院办公厅关于清理整顿各类交易场所的实施意见

国办发〔2012〕37号

各省、自治区、直辖市人民政府，国务院各部委、各直属机构：

为贯彻落实《国务院关于清理整顿各类交易场所切实防范金融风险的决定》（国发〔2011〕38号，以下称国发38号文件），进一步明确政策界限、措施和工作要求,扎实推进清理整顿各类交易场所工作，防范金融风险,维护社会稳定，经国务院同意，现提出以下意见：

一、全面把握清理整顿范围

遵循规范有序、便利实体经济发展的原则，准确界定清理整顿范围，突出重点，增强清理整顿各类交易场所工作的针对性、有效性。本次清理整顿的范围包括从事权益类交易、大宗商品中远期交易以及其他标准化合约交易的各类交易场所，包括名称中未使用"交易所"字样的交易场所，但仅从事车辆、房地产等实物交易的交易场所除外。其中，权益类交易包括产权、股权、债权、林权、矿权、知识产权、文化艺术品权益及金融资产权益等交易；大宗商品中远期交易，是指以大宗商品的标准化合约为交易对象，采用电子化集中交易方式，允许交易者以对冲平仓方式了结交易而不以实物交收为目的或不必交割实物的标准化合约交易；其他标准化合约，包括以有价证券、利率、汇率、指数、碳排放权、排污权等为标的物的标准化合约。

各类交易场所已设立的分支机构，按照属地管理原则，由各分支机构所在地省、自治区、直辖市人民政府（以下称省级人民政府）负责清理整顿。

依法经批准设立的证券、期货交易所，或经国务院金融管理部门批准设立的从事金融产品交易的交易场所不属于本次清理整顿范围。

二、准确适用清理整顿政策界限

违反下列规定之一的交易场所及其分支机构，应予以清理整顿。

（一）不得将任何权益拆分为均等份额公开发行。任何交易场所利用其服务与设施，将权益拆分为均等份额后发售给投资者，即属于"均等份额公开发行"。股份公司股份公开发行适用公司法、证券法相关规定。

（二）不得采取集中交易方式进行交易。本意见所称的"集中交易方式"包括集合竞价、连续竞价、电子撮合、匿名交易、做市商等交易方式,但协议转让、依法进行的拍卖不在此列。

（三）不得将权益按照标准化交易单位持续挂牌交易。本意见所称的"标准化交易单位"是指将股权以外的其他权益设定最小交易单位，并以最小交易单位或其整数倍进行交易。"持续挂牌交易"是指在买入后5个交易日内挂牌卖出同一交易品种或在卖出后5个交易日内挂牌买入同一交易品种。

（四）权益持有人累计不得超过200人。除法律、行政法规另有规定外，任何权益在其存续期间，无论在发行还是转让环节，其实际持有人累计不得超过200人，以信托、委托代理等方式代持的，按实际持有人数计算。

（五）不得以集中交易方式进行标准化合约交易。本意见所称的"标准化合约"包括两种情形：一种是由交易场所统一制定，除价格外其他条款固定，规定在将来某一时间和地点交割一定数量标的物的合约；另一种是由交易场所统一制定，规定买方有权在将来某一时间以特定价格买入或者卖出约定标的物的合约。

（六）未经国务院相关金融管理部门批准，不得设立从事保险、信贷、黄金等金融产品交易的交易场所，其他任何交易场所也不得从事保险、信贷、黄金等金融产品交易。

商业银行、证券公司、期货公司、保险公司、信托投资公司等金融机构不得为违反上述规定的交易场所提供承销、开户、托管、资产划转、代理买卖、投资咨询、保险等服务；已提供服务的金融机构，要按照相关金融管理部门的要求开展自查自清，并做好善后工作。

三、认真落实清理整顿工作安排

（一）排查甄别。各省级人民政府要按照国发38号文件和本意见要求，组织对本地区各类交易场所的交易品种、交易方式、投资者人数等是否违反规定，以及风险状况进行认真排查甄别。对违反国发38号文件规定的交易场所，严禁新增交易品种。

（二）整改规范。各类交易场所对自身存在问题纠正不及时、不到位的，有关省级人民政府要按照国发38号文件及本意见的要求，落实监管责任，对问题交易场所采取整改措施。交易规则违反国发38号文件规定的，不得继续交易；已暂停交易的，不得恢复交易，并依据相关政策规定修改交易规则，报本省（区、市）清理整顿工作领导小组批准。交易产品违反国发38号文件规定的，要取消违规交易产品并处理好善后问题；权益持有人累计超过200人的，要予以清理。

（三）检查验收。各省级人民政府应当组织对各类交易场所整改规范情况进行检查验收。重点核查交易场所章程、交易规则、交易品种、交易方式、投资者适当性、管理制度是否符合国发38号文件和本意见的规定,交易信息系统是否符合安全稳定性要求等。

（四）分类处置。各省级人民政府要对交易场所进行分类处置，该关闭的要坚决关闭，该整改的要认真整改，该规范的要切实规范。对确有必要保留的，要按照国发38号文件和本意见的要求履行相应审批程序。对于拒不整改、无正当理由逾期未完成整改的，或继续从事违法证券、期货交易的交易场所，各省级人民政府要依法依规坚决予以关闭或取缔。清理整顿过程中，各省级人民政府要采取有效措施确保投资者资金安全和社会稳定；对涉嫌犯罪的，要移送司法机关，依法追究有关人员的法律责任。

各省级人民政府要在清理整顿工作基本完成后，对清理整顿工作过程、政策措施、验收结果、日常监管和风险处置等情况进行全面总结，并书面报告清理整顿各类交易场所部际联席会议（以下简称联席会议）。

四、严格执行交易场所审批政策

（一）把握各类交易场所设立原则。

各省级人民政府应按照"总量控制、合理布局、审慎审批"的原则，统筹规划各类交易场所的数量规模和区域分布，制定交易场所品种结构规划和审查标准，审慎批准设立交易场所，使交易场所的设立与监管能力及实体经济发展水平相协调。

（二）严格规范交易场所设立审批。

1.凡新设交易所的，除经国务院或国务院金融管理部门批准的以外，必须报省级人民政府批准；省级人民政府批准前，应取得联席会议的书面反馈意见。

2.清理整顿前已设立运营的交易所，应当按照下列情形分别处理：

一是省级人民政府批准设立的交易所,确有必要保留,且未违反国发38号文件和本意见规定的，应经省级人民政府确认；违反国发38号文件和本意见规定的，应予清理整顿并经省级人民政府组织检查验收，验收通过后方可继续运营。各省级人民政府应当将上述两类交易所名单分别报联席会议备案。

二是未经省级人民政府批准设立的交易所，清理整顿并验收通过后，拟继续保留的，应按照新设交易场所的要求履行相关审批程序。省级人民政府批准前，应取得联席会议的书面反馈意见。

三是历史形成的从事车辆、房地产等实物交易的交易所，未从事违反国发38号文件和本意见规定，名称中拟继续使用"交易所"字样的，由省级人民政府根据实际情况处理，并将交易所名单报联席会议备案。

3. 从事权益类交易、大宗商品中远期交易以及其他标准化合约交易的交易场所，原则上不得设立分支机构开展经营活动。确有必要设立的，应当分别经该交易场所所在地省级人民政府及拟设分支机构所在地省级人民政府批准，并按照属地监管原则，由相应省级人民政府负责监管。凡未经省级人民政府批准已设立运营的经营性分支机构，要按照上述要求履行审批程序。违反上述规定的，各地工商行政管理部门不得为分支机构办理工商登记，并按照工商管理相关规定进行处理。

名称中未使用"交易所"字样的各类交易场所的监管办法，由各省级人民政府制定。

五、切实贯彻清理整顿工作要求

（一）统一政策标准。各省级人民政府在开展清理整顿工作中，要严格按照国务院、联席会议及有关部门的要求，统一政策标准，准确把握政策界限。实际执行中遇到疑难问题或对相关政策把握不准的，要及时上报联席会议。

（二）防范化解风险。各省级人民政府在清理整顿工作中，要制定完善风险处置预案，认真排查矛盾纠纷和风险隐患，及时掌握市场动向，做好信访投诉受理和处置工作。要加强与司法机关的协调配合，严肃查处挪用客户资金、诈骗等涉嫌违法犯罪行为，妥善处置突发事件，维护投资者合法权益，防范和化解金融风险，维护社会稳定。

（三）落实监管责任。各省级人民政府要制定本地区各类交易场所监管制度，明确各类交易场所监管机构和职能，加强日常监管，建立长效机制，持续做好各类交易场所统计监测、违规处理、风险处置等工作。相关省级人民政府要加强沟通配合和信息共享。联席会议成员单位和国务院相关部门要做好监督检查和指导工作。

国务院办公厅

2012年7月12日

深度解读：

随着我国市场经济的迅速发展，实体经济各环节对交易场所的需求日增，为满足这个需求，许多经济组织主动申请设立大宗现货交易场所。但同时，打着以发展电子商务、创新现货交易模式之名，从事违法交易之实的交易场所也不断出现，这些平台在交易模式、交易品种、会员管理、交易系统开发及运用等方面存在很多问题，以至于各种违法违规问题日益突出，风险不断暴露，严重扰乱了市场秩序。为规范市场秩序、防范金融风险、维护社会稳定，国务院印发了《国务院办公厅关于清理整顿各类交易场所的实施意见》（国办发〔2012〕37号）。根据文中"严格规范交易场所的设立审批""名称中未使用'交易所'字样的各类交易场所的监管办法，由各省级人民政府制定""各省级人民政府要制定本地区各类交易场所监管制度，明确各类交易场所监管机构和职能，加强日常监管，建立长效机制，持续做好各类交易场所统计监测、违规处理、风险处置工作"的要求，属地管理的政策更加明晰，规定部分明确了各省区依法设立的商品现货交易场所开展现货交易业务需要遵守的相关规定。监督管理和风险防控部分明确了监管部门建立风险防控制度，完善监管机制，开展日常监管的职责，采取的监管措施及方式，以及现货交易场所健全企业内部风控制度，完善相关措施，做好风险防范和处置工作等要求。其中，法律责任部分还进一步明确了监管部门对违规的交易场所可采取的处罚措施。

当然，大部分设立商品现货交易场所的宗旨是为参与者提供平等、透明交易交收机会，具有较强的社会性和公开性。为了支持和规范这些合规合法的平台，根据37号文，各省市区人民政府都授权了商务厅为本地商品现货市场交易场所的行业监督管理部门，负责商品现货交易场所的发展规划、准入管理、日常监管、统计监测、违规处理等工作。

虽然总体来说，37、38号文件出台的时机是合适的，出发点也是正确的，但由于种种原因，两个文件中谈到的一些问题还有值得商榷的地方。一是标准化合约问题。文件规定"为在一定的范围内获得最佳秩序，对实际的或潜在的问题制定共同的和重复使用的规则的活动，称为标准化。"事实上，标准化是各行各业发展的一个趋势，更何况标准化并不意味着金融风险，相反，标准化有利于形成价格和风险管控。所以，标准化不是区分现货和非现货的标准。二是集中交易问题。文件规定不得采取集中交易方式，但是，集中交易方式中的集合竞价、连续竞价、电子撮合、匿名交易、做市商等交易方式，都是活跃市场行之有效的技术手段，并不是判别是否金融工具的标准，所以还是值得讨论的。

虽然监管需要人性化，但是，对一些显然不合规的模式必须祭出重拳。

这其中，白银、原油类现货交易问题丛生，所以商务部以及证监会相继表态，质疑白银、原油交易的合法性。随之，全国各地相应的监管政策也密集出台，一大批交易场所被勒令下线，主要是原油、沥青、天然气、现货白银等品种，主要案例如下：

2016年12月29日，海南大宗商品交易中心发布关于贵金属业务调整的公告，从2017年1月9日开市起旧系统中上市品种白银、钯金、铂金停止建仓，2017年1月20日结算前所有持仓须全部平仓。

2016年12月30日，华益金安商品交易中心发布关于现货白银及现货沥青商品下线的公告，2017年1月3日起停止投资者新开户及新激活，1月3日起现货白银商品及现货沥青商品停止订立新订单，平仓不受影响。2017年1月18日下午5点收盘后下线现货白银及现货沥青商品。

2017年1月3日，西部贵金属交易中心发布关于《天然气》《精矿石》商品的下线公告；2017年1月9日，精矿石品种下线。所有持仓单须在2017年1月16日闭市前自行平仓，逾期未平的，交易中心将统一在闭市后对所有持仓单进行强行平仓，由此造成的盈亏由各投资方自行承担。2017年1月18日，天然气品种下线。所有持仓单须在2017年1月25日闭市前自行平仓，逾期未平的，交易中心将统一在闭市后对所有持仓单进行强行平仓，由此造成的盈亏由各投资方自行承担。

除了热门品种的下线外，郑州中矿申投大宗31日发布公告称，鉴于《河南省商品现货交易场所监督管理办法（试行）》的颁布，公司正在按照规定申请报批之中，现决定暂停公司业务，不准新开户，不准入金，进行系统改造升级，要求所有客户在2017年1月31日前必须平仓交割。同时于2016年4月就暂停业务开发的浙东大宗12月20日也公开发布公告，公司至2017年1月20日，将集中受理会员单位清退工作。

截至2017年1月底，违规的"热门品种"如白银、原油、沥青、天然气等已基本上全部下线。国家对交易场所的清理整顿是对行业的爱护，一个良好的市场环境，对平台运营和投资者都是有利的。

为了进一步巩固清理整顿成果，2017年3月16日，证监会办公厅又颁布了清理整顿各类交易场所"回头看"的文件，简称31号文。

清理整顿各类交易场所部际联席会议办公室

清整联办〔2017〕31号文

关于做好清理整顿各类交易场所
"回头看"前期阶段有关工作的通知

各省、自治区、直辖市、计划单列市人民政府办公厅：

2017年1月9日清理整顿各类交易场所部际联席会议（以下简称联席会议）第三次会议召开以来，各省级人民政府、会议各成员单位、有关部门积极行动，努力推进清理整顿各类交易场所"回头看"工作。为加强各地区、有关部门实施方案协同推进和行动步调的衔接配合，确保各项工作稳妥开展、取得实效，经商联席会员各成员单位同意，现就当前阶段有关工作事项进一步明确如下：

一、按照"回头看"工作部署抓紧报道实施方案

请各省级人民政府、联席会议各成员单位、有关部门按照《清理整顿各类交易场所部际联席会议第三次会议纪要》（清整联办〔2017〕30号，以下简称《会议纪要》）明确的时间节点和有关要求，抓紧制定完善"回头看"实施方案应包括但不限于辖区内交易场所违规行情整改、风险处置预案、分类撤并安排、监管制度完善、"微盘"清理关闭等内容。

二、认真做好重点交易场所风险处置和维稳预案

对辖区内客户数量多、成交金额大、问题严重、风险突出的违法

违规交易场所，省级人民政府要成立工作专班，做好风险处置和维稳预案，妥善处理投诉举报等问题，切实维护社会稳定。人民银行、银监会办公厅已分别印发《中国人民银行办公厅关于限期停止为违规交易场所提供支付结算服务的通知》（银办发〔2017〕25号）、《银监会办公厅关于转发（关于商请督促商业银行限期停止为违规交易场所提供金融服务的函）的通知》（银监办便函〔2017〕361号），要求商业银行、第三方支付机构限期停止为"微盘"类交易平台、违法违规交易场所提供支付结算等金融服务。请省级人民政府有关部门主动做好与人民银行、银监会分支机构的沟通协调，实现处置工作平衡有序衔接。

三、逐一通知督导违规交易场所整改规范

对辖区内问题较轻、问题不大的违规交易场所，请各省级人民政府逐一下属整改通知，针对不同类型交易场所的主要违规交易模式特征、违规问题等，督促指导其按照《国务院关于清理整顿各类交易场所 切实防范金融风险的决定》（国发〔2011〕38号文）、《国务院办公厅关于清理整顿各类交易场所的实施意见》（国办发〔2012〕37号）的规定和《会议纪要》的要求抓紧整改规范。

要求交易场所限制违规业务增量，在"五停止"（停止开新户、停止开新仓、停止上市新品种、停止增会员、停止业务宣传）的基础上，限期采取措施逐步压缩存量、化解风险。交易场所应每日报告客户数量、交易额、交易品种及整改等情况。

四、做好交易场所会员等机构的清理整顿工作

请各省级人民政府按照《会议纪要》有关要求对辖区内交易场所会员、代理商、授权服务机构等比照分支机构进行清理整顿。2017年3月31日前完成本省级人民政府批设的交易场所下属会员、代理商、授权服务机构名单的梳理汇总，按省别分别通报给会员、代理商、授权服务机构名单的梳理汇总，按省别分别通报给会员、代理商、授权服务机构名单注册地省级人民政府，同时抄送联席会议办公室。除确有必要保留并取得交易场所所在地及注册地省级人民政府批准的外，其他会员、代理商、授权服务机构一律限期停止交易业务，按属地原则由注册地省级人民政府于2017年6月30日前完成清理整顿。

五、组织对辖区内"微盘"交易平台予以清理关闭

"微盘"交易平台普遍存在违法违规、高风险高杠杆、资金安全存在隐患、投资者保护缺失、违规宣传、诱导性交易、逃避监管等问题。"微盘"交易平台分两类：一类是交易场所"迷你"盘，主要由地方交易场所及其会员单位设立，将原来在交易场所交易的合约，缩小合约价值做成"迷你"合约，迁移到微信公众号、手机APP、网站等平台等进行交易，涉嫌非法经营期货业务；另一类是类"二元期权"微交易，由投资者对白银、原油、铜等大宗商品价格一定时间内的涨跌走势进行判断从而买涨或买跌，涉嫌赌博，有的还涉嫌诈骗、非法吸收公众存款、组织领导传销活动等。联席会议办公室已将掌握的"微盘"交易平台名单由中国证监会有关监管局转送所在地省级人民政府办

公厅。各省级人民政府要按照"回头看"树大招风作安排，按照《会议纪要》明确的时间节点对"微盘"交易名单中涉及本辖区的交易平台，以及在本辖区注册的的其他"微盘"交易平台进行清理关闭。

六、按期公布违法违规交易场所"黑名单"

交易场所"黑名单"是省级人民政府向投资者提示风险的重要载体，也是督促交易场所整改规范的重要抓手。请各省级人民政府按照《会议纪要》要求在政府网站公布辖区内交易场所"黑名单"，提醒投资者远离非法交易，限期了结离场。"黑名单"包括但不限于未经省级人民政府批准设立的交易场所（含会员、代理商、授权服务机构、分支机构等）、严重违法违规应予撤销关闭的交易场所、工作不配合整改不力的违规交易场所等。"黑名单"要实行动态更新。新发现的符合相关规定的违规交易场所要及时加入。省级人民政府在公布"黑名单"之前，要对交易场所资金、人员采取必要的控制措施，做好相应的维稳预案。

七、研究各类交易场所的分类撤并方案

省级人民政府要推动交易场所按类别有序整合，原则上一个类别一家，以保持必要规模，避免无序竞争。农村产权交易场所可按县城保留一家，商品类可按大类行业适当划分类别。违法违规问题严重或整改不力的交易场所，应予撤销关闭。背景和物流等本套措施、上线的交易品种与当地产业无关、没有现货基础和有效市场需求的商品类交易场所，应予撤销关闭。合法合规的同类别交易场所，应采取有效措施，于2018年3月前整合为一家交易场所。

八、着手建立完善各类交易场所监管制度

省级人民政府要根据国发〔2011〕38号、国办发〔2012〕37号文件和《会议纪要》的要求，结合交易场所监管中存在的问题，评估现有交易场所监管制度，完善出台交易场所监管规章，严格准入管理，加强日常监管，健全行政执法，做好统计监测和信息报送工作。交易场所监管规章出台后要报联席会议办公室和相关行业主管部门备案。联席会议办公室和有关行业主管部门要加强对大宗商品现货交易场所、文化产权和艺术品类交易场所、产权类交易场所等各类交易场所的监管业务指导。请各省级人民政府、联席会议各成员单位、有关部门按照联席会议第三次会议的统一部署，按照规定的时间节点保质保量推进各项工作。在"回头看"过程中遇到重大或复杂疑难问题，请及时向联席会议办公室反映，联席会议办公室将组织有关部门研究并柔性指导协调。

附件：地方交易场所主要违规交易模式特征、违规问题及整治措施

清理整顿各类交易场所部际联席会议办公室

（中国证监会办公厅代章）

2017年3月16日

附件：

地方交易场所主要违规交易

模式特征、违规问题及整治措施

一、商品类交易场所

（一）分散式柜台交易

1.特征

分散式柜台交易是指交易场所以做市商的模式组织交易活动，即交易场所发展会员、会员又发展代理商和居间商，层层招揽客户，再由会员在交易场所发布的境外商品实时价格基础上加减一定点差提供买卖报价，与客户进行交易，本质上是会员与客户对赌，客户亏损即为会员盈利。此模式一般为杠杆交易，合约具有标准化特征。交易场所既不组织商品流通、又不发现商品价格，实为投机炒作平台，对实体经济没有积极作用。

2.违规问题

分散式柜台交易模式违反了《国务院关于清理整顿各类交易场所切实防范金融风险的决定》（国发〔2011〕38号）、《国务院办公厅关于清理整顿各类交易场所的实施意见》（国办发〔2012〕37号）关于不得采取做市商等集中交易方式进行交易，不得以集中交易方式进行标准化合约交易等规定。此外，其具备《期货交易管理条例》中"采用公开的集中交易方式以期货合约为交易标的"的期货交易特征，涉嫌非法期货交易。

3.整治措施

一是停止扩张、压缩规模，通过要求交易场所停止业务宣传，停止新增会员、停止上市新品种、停止开新户、停止开新仓、逐步提高保证金比例等方式，压缩现有交易规模，原有客户只能平仓。

二是锁定风险，暂停会员单位资金转出，要求资金托管银行监控重大资金流向并定期报告，必要时应对交易场所股东和高管人员采取限制处境等措施。

三是逐步清退，要求交易场所对现有客户进行清退及清理，使客户逐步平仓退出。

四是关闭或转型发展，待客户基本清退后关闭违规交易系统，交易场所注销工商登记；确有必要存续的，探索发展符合相关法律法规的现货交易模式，但新业务模式须经过省级人民政府审核后，方可投入运营。

（二）现货连续（延期）交易

1.特征

现货连续交易，或称现货延期交易、现货T+D，也是一种杠杆交易，允许投资者通过每日支付一定费用将交割期限无限延后，并可以通过平仓离场免去交割，交易对象实际上市抽象出来的符号和合约，实践中交割率极低。该模式以采取集中竞价、连续竞价的交易方式成交，投资者的交易指令汇聚于交易场所，由交易场所按照一定的成交规则予以自动撮合配对。除允许无限延期交割外，该交易模式与期货交易极为类似。

2.违规问题

上述交易模式违反了国发〔2011〕38号、国办发〔2012〕37号文件关于不得采取集合竞价、连续竞价、电子撮合、匿名交易等集中交易方式进行交易，不得以集中交易方式进行标准化合约交易等规定。此外，其具备《期货交易管理条例》中"采用公开的集中交易方式以期货合约为交易标的"的期货交易特征。

3. 整治措施

清理这类交易模式的方法与清理分散式柜台交易类似。

（三）融资融货交易

1. 特征

融资融货业务模式源于昆明泛亚有色金属交易所，其在从事铟、锗等有色金属现货挂牌交易业务的同时，开展融资融货（又称"委托受托"）业务，即：交易场所为买入货物的客户代垫货款并收取利息，客户以买入的货物作为偿债担保，并在价格上涨后卖货还款；交易场所垫付的资金来自以"日金宝"等名义向社会公众融入的资金，交易场所向融出资金的客户按日支付年利率10%以上的利息。

2. 违规问题和整治措施

融资融货业务模式违反有关法律法规，涉嫌非法吸收公众存款等犯罪。如果发现交易场所采用以上交易模式，应从是否经有关部门依法批准或者借用合法经营的形式吸收资金、是否向社会公开宣传、是否承诺在一定期限内以货币、实物、股权等方式还本付息或者给付回报、是否向社会不特定对象吸收资金等进行综合分析，对照《刑法》中非法吸收公众存款等罪名的有关规定进行定性并采取相关措施。如确认涉嫌非法吸收公众存款，应立即启动地方政府的处置集资工作机制，重大情况向处置非法集资部际联席会议办公室报告。

二、邮币卡类交易场所现货发售交易

（一）特征

部分文化艺术品类及商品类交易场所，以邮资票品、钱币、磁卡为交易对象，或以珠宝玉石、茶叶、老酒等为交易对象，进行"现货发售"，即持有人向交易场所提交一定数量藏品托管后，拿出一定比例供客户申购，摇号中签确定申购结果后次日开始连续集中交易。具体而言，该交易模式分为发售和交易两个环节，其中，发售环节包括托管、评审、发行、申购、中签等步骤，交易环节采取集中竞价、连续竞价、电子撮合方式，全额付款，T+0交易，一般设定10%的涨跌停板。

（二）违规问题

一是交易涉嫌违法违规。现货发售模式交易环节采用集中连续竞价、T+0交易，违反了国发〔2011〕38号、国办发〔2012〕37号文件关于不得采取连续集中竞价进行交易、T+5等有关规定。有的交易场所与发行人串通虚拟发行，并无相应的产品入库，有的甚至直接或通过关联方做庄交易，涉嫌诈骗等犯罪。

二是价格易操纵且波动大。现货发售模式与证券发行上市类似，但申购藏品占极少比例（5%左右），上市交易后，藏品持有者可通过控制减持等方式操纵价格并套现。产品上市后大多封闭支行，交易产品价格走势上学"过山车"行情，价格被庄家迅速拉升，高出市场价格的几倍甚至几十倍，引诱投资者高位接盘，随后价格连续跌停，大量投资者被洗劫一空。上述操纵价格、客损分成等行为均涉嫌违法犯罪。

三是藏品实物托管的真实性存疑。交易品种经平台封闭交易和人为炒作。价格严重脱离实际、实物交收比例不高。由于交易类似虚拟炒作，藏品实物托管是否存在、真实、足额存疑，藏品持有人可以同一批产品，在不同交易场所反复发行套利，涉嫌诈骗等犯罪。

（三）整治措施

本次"回头看"工作，要求交易场所不得开展类似证券发行上市的现货发售模式，不得开展连续集中竞价交易，不得操纵市场价格，要限期停止邮币卡等违规交易。

对于此类违规交易模式，要果断采取措施，控制交易场所和主要庄家的人员和资金，防止卷款潜逃。要求交易场所停止新开户、停止上线新品种、停止新增会员、停止业务宣传的基础上，对现有的交易品种，需采取以下措施：

一是禁止藏品发行人减持套现，确保已进入流通的产品数量不再新增；

二是交易环节停止集中竞价交易模式，采用协议转让等合规交易方式逐步消化现有存量；

三是产品存续期结束时，若产品处于高位横盘阶段，如交易场所此前承诺兜底回购的，要督促其按照承诺价格回购。

四是监控交易场所和藏品发行人资金。

同时，提前做好风险处理和维稳预案，一旦出现风险事件，做好交易数据固定、交易场所和藏品发行人资金冻结、仓库存货核查等工作。

三、金融资产类交易场所

（一）特征

一是开展类资产证券化业务，将权益拆分发行、降低投资者门槛、变相突破200人界限。主要包括定向融资计划和投资收益权类两个方面。其中，定向融资计划是指发行人在交易场所发行的，约定在一定期限内还本付息的融资计划。投资收益权是指发行人以其符合要求的基础资产收益权向特定投资主体发行的，约定在一定期限内兑付投资本金和收益的产品。

二是未经批准交易信贷、票据、保险等金融产品。部分金融资产交易场所违规开展由一行三会监管的金融产品交易，如银行信贷、票据、信托产品、保险资产等产品，部分地方政府在全国统一的票据交易中心推进建设之际，"抢跑"设立区域性票据交易场所。

（二）违规问题

一是涉嫌将权益拆分为均等份额公开发行。国办发〔2012〕37号文件规定，交易场所不得将任何权益拆分为均等份额公开发行；任何交易场所利用其服务与市州，将权益拆分为均等份额后发售给投资者，即属于"均等份额公开发行"。地方金融资产交易场所的产品对外发售过程中，大都以10000元等标准化单位为认购起点并以其整数倍进行递增，违反了交易场所不得将任何权益拆分为均等份额公开发行的规定。

二是变相突破权益持有人累计不得超过200人的规定。国发〔2011〕38号、国办发〔2012〕37号文件规定，任何权益在其存续期间，无论在发行还是转让环节，其实际持有人累计不得超过200人。金融资产交易场所往往采取拆分销售方式，将金额较大的产品拆分为若干金额较小的子产品分别销售，实现化整为零。交易场所将实质上属于同一发行方的同一发行产品拆分为多个融资项目、分散发行，或者分为多期发行，变相突破了投资者人数不得超过200人的限制。

三是涉嫌公开宣传。按照《证券法》等有关法律法规规定，交易场所产品为私募性质，不得采用广告、公开劝诱或变相公开方式发行或转让。金融资产交易场所往往通过网络、微信公众号以及报纸、机场、步行道、地铁、大厦等媒介广告，对交易产品进行公开宣传，承诺高额回报、诱导投资者，违反了不得公开宣传的相关规定。

四是涉嫌擅自从事应由国务院相关金融管理部门批准的金融产品交易。根据国发〔2011〕38号、国办发〔2012〕37号文件有关规定，未经国务院相关金融管理部门批准，不得设立从事保险、信贷、黄金等金融产品交易的交易场所，其他任何交易场所也不得从事保险、信贷、黄金等金融产品交易。金融资产交易场所从事银行信贷、票据、信托、保险等金融产品的发行和转让行为，违反了国发〔2011〕38号、国办发〔2012〕37号文件的规定。

（三）整治措施

严格按照国发〔2011〕38号、国办发〔2012〕37号文件有关规定，要求金融资产类交易场所停止将权益拆分为均等份额后发售给投资者，只能将权益进行整体转让。对于已出售的权益资产，可由资产出售方进行回购等方式，逐步实现产品下架。规范私募债券交易行为，不等通过拆分、代持等方式变相突破合格投资者标准或单只私募证券持有人数上限。

四、"微盘"交易平台

（一）特征

"微盘"是指地方交易场所及其会员单位或者其他投资咨网络科技类公司，在微信公众号、网站等注册客户多、流量大的互联网平台上嵌入微型交易系统或开发手机APP，开展的微型标准化合约交易，投资者只需要输入手机号即可完成注册。"微盘"交易大致可以分为两类：一类是微盘，主要由地方交易场所及其会员单位设立，将原来在交易场所交易的合约，缩小合约价值做成"迷你"合约，迁移到微信公众号、手机APP、网站等平台上吸引个人投资者进行交易；另一类是微交易，大多由"××投资公司""××科技公司"等互联网公司设立，交易模式类似"二元期权"，由投资者对白银、原油、铜等大宗商品价格一定时间内的涨跌走势进行判断从而买涨或买跌，损益事先约定，主要取决于涨跌方向，涉嫌聚众赌博。

"微盘"交易平台一般具有以下共同特征：一是审批设立方面。设立"微盘"等微型交易平台不需要政府部门批准，也没有营业资质门槛；二是交易方式方面，一般以原油、贵金属、大宗商品、外汇、邮币卡、原始股等为合约标的物。参考国内外市场价格甚至虚设价格行情，对价格涨跌下注对赌；三是支付结算方面，通过微信支付、银联支付、易极付等快捷支付方式入金到交易平台公司账号，没有客户资金第三方存管机制，交易平台可直接控制资金流向；四是利润分成方面，收取高额手续费等各种名目的费用，仅开仓手续费就可达投资金额的10%，利润分成模式一般为投资者手续费的20%归交易场所，手续费的80%和金融的投资者亏损归会员公司、代理商、经纪人；五是营销展业方面。通过电话、微信、QQ群、贴吧、网页、直播室等多种渠道进行宣传造势，比如采取指拨打电话进行推介、利用各大网站的广告进行宣传、"投资致富"的美女主动加微信好友进行推介等方式，宣传"微盘"交易的小额、易学、便利、品种多等特点，以"1分钟收益75%""24小时T+0模式"等字眼诱导客户开户交易；六是交易产品符号化，没有实物交割，不形成价格，甚至平台主动创设风险供投资者投机，与投资者对赌。

（二）违规问题

"微盘"交易具有交易模式普遍违规、高风险高杠杆、资金安全存在隐患、投资者保护缺失、违规宣传、诱导性交易、逃避监管等问题。具体如下：一是交易模式违法违规，现货交易场所"迷你"版的"微盘"模式违反了国发〔2011〕38号、国办发〔2012〕37号文件不准以集中交易方式进行标准化合约交易等禁止性规定；类"二元期权""微盘"模式涉嫌聚众赌博，有的还涉嫌诈骗等犯罪。二是资金存管存在隐患，"微盘"交易没有保证金第三方存管机制，交易平台可直接控制资金流向，容易引发资金存储及操作风险，存在交易平台卷款潜逃的可能性。三是投资者保护制度缺失，"微盘"交易客户只需提供手机号码就能注册开户，8元即可入市交易，投资门槛低、交易简单便捷，且投资杠杆比例达四十倍以上，没有评估投资者的风险承受能力。四是涉嫌违规宣传和诱导性交易，一些"微盘"交易平台通过电话、微信、QQ群、贴吧、网页、直播室等多种渠道进行宣传造势，甚至存在诱导性喊单的问题。五是涉嫌逃避监管，"微盘"交易平台利用客户投入资金少、维权成本高从而放弃投诉的心理，达到了降低客户实地群访群诉率的目的，但实质上是通过降低单个客户亏损金额来减少投诉，进而逃避监管，严重分割广大小微投资者的利益。

（三）整治措施

"微盘"交易普遍违规甚至违法，建议采取以下措施予以清理整顿：

一是根据当地证监局转交的"微盘"名单，限期尽快予以关闭；并利用本地信息科技技术，以名称、营业范围、交易品种、宣传内容等中间带有"微盘""微交易""云交易""投资者交易"等关键字为标准，以及根据其对赌涨跌方向等交易特征，通过微信公众号、手机APP、网站等进一步摸排本地其他"微盘"交易平台名单，并建立"微盘"交易平台动态监测和清理处置机制。

二是配合商业银行、第三方支付机构，做好限期停止为"微盘"交易平台提供支付结算服务工作，并制定相应的方案，稳妥处理"微盘"交易平台清退关闭的善后事宜。

三是辖区公安机关开展专项执法行动，严厉打击涉嫌聚众赌博等犯罪行为的"微盘"交易平台。

五、交易场所的分支机构、会员单位、代理商、授权服务机构等展业公司。

（一）特征

地方交易场所为了推广业务，在全国范围发展了大量的分支机构、会员单位、代理商、授权服务机构等营销展业，这些会员单位名称中多带有"投资""投资管理""投资咨询""资产管理""贵金属""信息技术""信息服务""金融服务""商品经营""商品交易""电子商务""艺术品交易""文化发展""文化传播"等关键字，遍布全国范围，基本都未取得所在地省级人民政府批准，有些甚至没有工商注册，就擅自开展业务；这些会员单位招募大量的经纪人员，通过互联网、微信、电话公开营销，通过承诺高收益、隐瞒风险诱导大量的没有风险承受能力的自然人甚至老年人开户交易；这些会员单位安排所谓的"分析师""老师"在微信、QQ上组建所谓的"战队"，宣传其投资经验丰富、技术高超、诱导投资者重仓交易，骗取投资者高管的手续费和交易亏损，有些甚至操纵、虚设价格行情，喊"反单"洗劫诈骗投资者。

（二）违规问题

这些会员单位数量庞大，遍布全国，存在以下问题：一是脱离监管视野。这些会员单位基本都未取得所在地省级人民政府批准，未在政府有关部门备案，有些甚至没有工商注册，经营变更经营地址，以逃避监管。二是违法宣传，这些会员单位大多存在承诺高额收益、公开宣传、虚假宣传的问题。三是涉嫌欺诈，这些会员单位诱导投资者频繁、重仓交易，骗取高额的手续费，有些甚至操纵、虚设价格行情，喊"反单"洗劫诈骗投资者。

（三）整治措施

清理整顿各类交易场所部际联席会议第三次会议明确了交易场所会员、代理商、授权服务机构比照分支机构管理。地方交易场所原则上不得通过发展会员、代理商、授权服务机构开展经营活动，确有必要的，应当分别经该交易场所所在地省级人民政府及会员、代理商、授权服务机构注册地省级人民政府批准，并按照属地监管原则，由会员、代理商、授权服务机构注册地省级人民政府牵头负责清理整顿和日常监管，交易场所注册地省级人民政府应做好监管配合与协作。

建议采取以下措施予以清理整顿：

一是根据关键字搜索、投诉举报、舆情监测等全面摸排辖区内地方交易场所的分支机构、会员、代理商、授权服务机构等展业公司名单，逐一排查，并建立动态监测、备案、清理处置机制。

二是督促商业银行、第三方支付机构等限期停止为违法违规会员单位提供支付结算服务，不得为未取得省级人民政府批准擅自展业的分支机构、会员、代理商、授权服务机构提供支付结算服务。

三是将违法违规的分支机构、会员、代理商、授权服务机构放入违法违规交易场所"黑名单"，在政府网站上予以公示，并动态更新。

四是按属地原则进行清理整顿，除取得交易场所所在地以及注册地省级人民政府批准确有必要保留的之外，其他会员、代理商、授权服务机构一律限期停止交易业务。

深度解读：

31号文件核心内容为"两个强调"：一是强调做好交易所会员等机构的清理整顿，要求3月31日前完成本省级人民政府批设的交易所下属会员、代理商、授权服务机构名单的梳理汇总；二是再次强调按期公布违法违规交易场所名单，包括未经省级人民政府批准设立的交易场所（含会员、代理商、授权服务机构、分支机构等）、严重违法违规应予撤销关闭的交易场所、工作不配合整改不力的违规交易场所等。

清整联办之所以下发31号文件作为前两个文件的补充，主要有两个原因：第一，由于各省市自治区对于清理整顿交易场所的态度还未高度统一，从公示交易场所名单就可以看出来；第二，因为各省、市步调不一致，在31号文中再次附上了附件，再次划定边界、提高认识，促使完成任务。

众所周知，虽然这次的整顿力度及深度都是前所未有的，但在客观存在着相关法律法规的不完善，所以在执行上势必会碰到许多具体问题，例如缺乏具体的政策标准和法律依据等。事实上，对于交易场所的规范性文件还是只有"38号文"和"37号文"两项，清整联办包括此次"31号文"在内的所有发文应该都是联席会议的内部文件，在各部委、各省级人民政府出台具体措施前，并不是对于交易场所清理整顿工作的刚性指导文件。因为我们知道，38号文对于清理整顿工作的责任主体有着非常明确的分工，其中要求："联席会议不代替国务院有关部门和省级人民政府的监管职责。对经国务院或国务院金融管理部门批准设立从事金融产品交易的交易场所，由国务院金融管理部门负责日常监管。其他交易场所均由省级人民政府按照属地管理原则负责监管，并切实做好统计监测、违规处理和风险处置工作。联席会议及相关部门和省级人民政府要及时沟通情况，加强协调配合，齐心协力做好各类交易场所清理整顿和规范工作。"也就是说，交易场所清理整顿工作的责任实际上是落在各省级人民政府身上的，而联席会议所负责的工作则是指导、督促和检查。这一点在联席会议成立时的37号文中有更明显的体现，联席会议的职能主要是"提出完善相关法律法规和有关规章制度的意见和建议，提供政策解释""统筹协调、督促、指导省级人民政府开展各类交易场所清理整顿工作""对省级人民政府拟批准设立的交易所提出意见""汇总各部门、省级人民政府报送的清理整顿各类交易场所工作情况，并及时上报国务院"等。

关于"31号文"的落实在"38号文"和"37号文"出台以后，国内各类交易场所一哄而上、无序经营的情况得到了极大地遏制，可以说，这两个文件对于我国交易所类金融市场秩序的规范起到了重要作用。"31号文"提出了限制交易场所会员、代理商、授权服务机构开展业务，省级政府推动交易场所整合，一个类别原则上只保留一家等规定，仍然希望以政策手段来对目前在市场调节下趋于平稳规范的交易所行业进行大动作的调整，这样的要求是合理和可行的，应该得到认真地落实。事实上，2012年度的初次清理整顿工作和2017年上半年"回头看"工作确实对交易场所行业化解金融风险、规范市场秩序起到了一定的积极作用。特别是2017年"回头看"工作开展后，在政策和市场的双重调整下，交易场所行业的无序竞争情况已经得到了明显好转，很多风险得以被提前发现并化解，行业正向健康有序的方向发展，必将真正地服务本地经济和实体经济。

目前，国内运行规范的大宗市场不在少数，他们是推动中国现货市场发展的生力军。

一、广西糖网

广西糖网是我国第一家提出以现货交易和物流配送为发展方向的食糖批发市场，首创了"周合同"交易模式，采用国内最先进的电子商务平台来开展食糖销售、物流及信息服务，通过积极建设全国范围内的食糖物流配送体系，整合社会仓储、运输、金融、质检等各种服务资源，创建了独具特色的"电子商务&现代物流配送"的食糖流通模式。

广西糖网在实践中打造了"一个中心，八大区域"这一国内最完善的食糖物流配送服务体系，先后在柳州、南宁、广州、昆明、郑州、武汉、上海等食糖重要集散地设立四个分公司、五个客服中心。

在全国主要食糖产销区设立配送仓点140多个，整合利用社会仓储资源100多万平方米，广西区内95%以上的制糖企业集团以及国内80%以上食糖经销商均已成为广西糖网的客户；维维集团、金丝猴集团、娃哈哈、可口可乐公司等终端用户均直接或间接从广西糖网采购食糖；广西糖网作为"全国食糖产销桥梁"，涵盖全国20多个省、市、自治区的物流配送体系基本实现了食糖"网上交易，就近提货"。

广西糖网近年来通过食糖电子商务和现代物流的成功运作取得了良好的经济效益和社会效益，在糖业资源配置方面发挥的基础作用，使其成为国内同类市场的领先者，获得了客户、各级行业主管部门及国家有关部门的充分肯定和高度评价。

二、天津文化产权交易所

天津文化产权交易所（与天津文化艺术品交易所无关）是经天津市人民政府批准设立的综合性文化产权交易服务机构，由天津市委宣传部直接领导，天津北方投资集团、天津产权交易中心、和平国有资产投资公司等参与组建的国有控股文化产权交易平台，是以文化股权、债权、物权、版权等各类文化产权为交易对象的专业化市场平台。

多年来，该所探索出一套文化艺术品现货商城模式，交易量与日俱增，有效地服务了现货商和收藏者。

三、青岛国际商品交易所

青岛国际商品交易所有限公司是在2005年成立的青岛国际橡胶交易市场的基础上发展起来的。青岛国际商品交易所有限公司利用中国保税区"境内关外"的特殊政策及港口优势，充分发挥青岛国际橡胶交易市场成功的运作经验，通过先进的电子商务技术，改变传统的商品流通模式，实现即期现货交易、订单现货挂牌交易和竞买竞卖交易的完美结合，形成集交易、结算、信息、融资、物流等全程式服务于一体的大宗商品电子交易市场，为广大会员提供一个全新的国际商品交易平台。

四、上海黄金交易所

上海黄金交易所是经国务院批准，由中国人民银行组建，中国唯一的、专门从事黄金交易的国家级市场，于2002年10月正式运行。成立以来，金交所始终坚持服务实体经济和金融市场的产业发展原则，努力为投资者提供多元化的投资渠道和丰富的产品，已逐步发展成为中国黄金市场的核心、枢纽以及全球重要的黄金、白银等贵金属交易市场。自2007年起，金交所连续9年位居全球场内黄金现货场所交易量第一。目前，在全球共有会员250余家，境内机构客户超过1万户，个人投资者900余万人。

近年来，上海黄金交易所积极落实国家战略，服务市场需求，不断推进业务创新。2014年9月交易所推出了"国际板"，使全球投资者可使用离岸人民币参与金交所交易，实现了国内黄金市场和国际黄金市场的有效联通。2016年1月，交易所推出国家级市场首款移动互联交易终端"易金通"，打造惠及群众的"百姓金"平台，推动黄金投资实现便利普惠。2016年4月，交易所发布了全球首个以人民币计价的黄金基准价格——"上海金"，为黄金市场参与者提供了良好的风险管理和创新工具，加快了中国黄金市场的国际化进程。

五、天元国际商品交易市场有限公司

天元国际是由安徽今华节能集团、中粮集团及五矿集团发起筹建，国家工商总局核准注册，河南省人民政府批复成立的国际商品交易中心，是中原地区唯一的国际商品交易中心。

天元国际主营大宗商品现货交易、商品展览和信息咨询服务等业务。天元国际的交易产品涉及能源化工、有色金属、地方特产、农产品等众多领域，进一步满足了产业链上、下游企业大宗商品的保值和投资需求。

中国经济要实现质的提升，一方面要靠劳动力和技术资源，一方面要靠原材料资源。为助力中国实体经济的发展，天元国际致力于大宗商品的流通服务，以规范的服务和超前的理念，成为了行业的信息中心、交流中心、物流中心和结算中心。

六、天津渤海商品交易所

天津渤海商品交易所在天津市政府和交易所市场监督管理委员会的支持和指导下，将秉持创新、高效、务实的服务宗旨，坚决贯彻市场的"公平、公正、公开"原则，为商品生产贸易企业和合格的商品投资者提供最佳的商品交易服务。

渤海商品交易所与全国性的各大商业银行战略合作，覆盖全国的银行营业网点最大程度地方便了交易者的开户以及交易行为；并真正实现了交易商自有银行账户和交易所保证金清算专户之间的无缝对接。

渤海商品交易所在充分研究分析了现货贸易商和商品投资者的商品交易需求的基础上，进行了现货交易方式创新，推出全球首创的现货连续交易方式，创造性的解决了100多年来世界商品交易中困扰现货贸易商和商品投资者之间的矛盾对立，能同时满足市场参与者的多种交易需求；同时，渤海商品交易所提供方便快捷的电子交易平台以及24小时覆盖全球主要金融市场的电子交易服务，使得交易所的成交和结算价格的产生更加真实、公平、科学、合理，从而保证了渤海商品交易所产生的商品价格更具权威性和影响力。

INVESTMENT

COMMODITY
TRADING

第三章

任重道远

大宗市场的使命和趋势

大宗现货市场的未来，概括说来就八个字：脱虚就实，重塑本真。

进入21世纪以来，中国经济迅速崛起，在全球经济体系中的作用越来越重要，对大宗商品的依赖程度越来越高。中国是一个消费大国，是钢铁、大豆、橡胶的第一大消费国，也是能源等大宗商品的重要进口国，所以，理应拥有对有关大宗商品的定价权，或至少对国际市场价格有重要影响。然而事实却并非如此，这个现状造成了中国经济发展受到了严重的制约，甚至是打压与剥夺，这在一定程度上影响了宏观经济的发展。中国对许多大宗商品没有定价权，最根本的原因还是产业及交易没有实现集中化，配套服务特别是金融服务不健全，而定价权的获得，大宗商品交易市场是一个重要的渠道。基于这些客观原因，政府对大宗市场的态度，一直是在规范的同时大力扶持。

中国不会长期受制于人，中国在行动，收购伦敦金属交易所就是重要的一步。伦敦金属交易所（LME）是世界上最大的有色金属交易所，它的价格和库存对世界范围的有色金属生产和销售有着重要的影响，在这桩收购案中，港交所以166亿港元的高价击败了纽约泛欧证券交易所、芝加哥商品交易所、洲际交易所，这是我国政府通过港交所实现的一次全球商品定价权的争夺。根据港交所的发展战略，港交所要通过新设立的前海大宗商品交易平台复制LME模式。2016年9月，港交所和深圳前海管理局正式签订了合作备忘录，或将在内地再造一个LME。根据港交所行政总裁李小加的说法，香港交易所在前海设立的大宗商品交易平台将在内地复制LME，并打造一个和LME类似的仓储系统，以填补内地缺乏规范、透明、可信赖、有实物交割体系和仓储体系的大宗商品交易平台的缺口，有效服务实体经济。

一、大宗市场未来的发展趋势

前瞻产业研究院发布的《中国大宗商品市场前景预测与投资战略规划分析报告》数据显示，假如中国大宗商品市场成交规模增长速度与宏观经济增长速度相一致，根据中国的经济发展规划，未来几年中国经济将保持7.5%的增长速度，假设年通胀率为3%，那么到2018年，中国大宗商品市场的交易规模有望达到15.7万亿元，如图3-1。

研究表明，大宗市场未来的发展会呈如下趋势：

（1）更多样的市场变化。"互联网+"战略的影响下，市场和企业转型将迎来更多的市场需求，也将需要更多的创新模式满足市场发展需要。

（2）更广泛的市场参与。在市场高度参与和交易所集团化的发展驱使下，对交易系统的系能要求也将越来越高。

（3）更高的安全需求。随着互联网的应用，交易平台对网络安全越来越重视，则将提出更高的安全要求。

（4）更完善的生态环境。在行业高速发展的时期，行业需要建立良性的发展环境，通过打造行业生态环境推动产业健康发展。

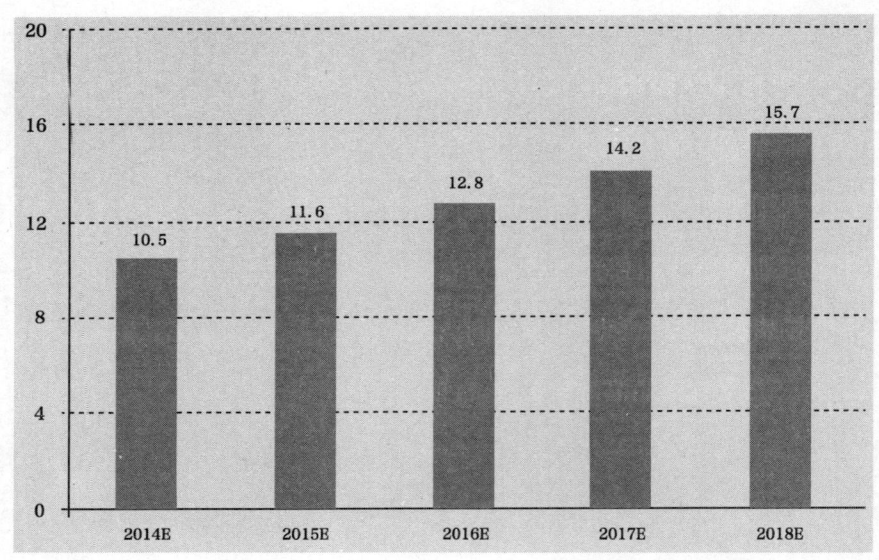

图3-1　2014—2018年中国大宗商品市场交易规模增长情况预测（单位：万亿元）

数据来源：前瞻产业研究院

其实严格来说，期货市场也是大宗市场的一部分，但期货市场本身是有明确定义的，按照这个定义可以辨别一个市场是否是期货市场。但是，要确定是否是大宗现货市场，并不是一件简单的事情。

我们认为，判断一个市场是不是现货市场，主要看两点。其一，成交价格是否和传统贸易所形成的价格接近；其二，是不是有一定比例的现货交收。

二、大宗商品市场区别于其他市场

互联网的发展，带动了大宗商品电子交易平台的产生和兴盛。大宗商品现货电子交易平台的建立就是为了使大宗商品快速周转流通，这些商品包括金属、产品、能源、化工、产权及其衍生品等。事实上，我国期货市场的发展相对滞后，而市场对大宗电子交易又有着一定的现实需求，所以导致了此类市场应运而生。在繁荣的背后，也存在着监管滞后带来的问题和隐患。为了规范大宗市场的发展，管理层和业内人士首先应该要搞清楚，大宗商品市场不同于股票和期货，也不同于境外的OTC市场，其区别之处在于：

1. 批准设立和监管部门不同

股票和期货市场是由证监会批准并监管的，大宗商品市场则是由地方政府商务行政管理部门、金融办批准，然后在同级工商行政部门登记注册的。

2. 交易交割规则不同

期货交易制度主要包括交易结算制度、风险控制制度和交割制度等，而风险控制制度具体又包括保证金制度、涨跌停板制度和持仓限额制度等，结算制度方面期货与大宗商品平台比较相近，都采用逐日结算制度，每日交易结束后对客户账户上盈亏状况进行结算。在风险控制和交割方面两者却差别较大。

涨跌停板制度：在市场价格发生巨大波动或者出现连续的极端情况

（如连续几个交易日的单方向涨停或跌停）时，交易所会调整涨跌停板幅度，以适应市场状况促进合约流动性。而电子盘的涨跌停板规定则比较简单且单一，缺乏调整，虽然比较简洁，但同样忽略了市场状况，不利于风险控制和市场的流动性。

持仓限制制度：大宗商品市场中没有具体的持仓限制制度，因此很容易出现操纵市场的情况，也很容易出现因持仓过大而无法交割导致违约的情况。但是期货市场中有详细的持仓限制制度，对非交易会员、交易会员、普通投资者的持仓数量都做了明确的规定，这样就避免了操纵市场的可能以及违约情况的发生，确保了交易和交割的安全。

3. 保证金比例不同

证券市场要求100%的保证金，期货市场要求5%—10%的保证金，而大宗商品市场的保证金比例则有不得低于20%的要求。

4. 交割方式不同

期货市场作为金融衍生品市场，必须待所持的合约到期经过一定的程序才能够实现交割，一般没有提前交割；大宗商品市场则是采用了交货日或随时交割的方法，钱货到位相当迅速，手续也比较简便，在交易双方都提出申请的情况下可以实行提前交割。

期货的交割标准品等级较高且规格多样，交割单位设置较大，不适合小贸易商进行交割操作，而大宗商品市场的最小交割单位则相对较低，适合小型贸易商参与。在实践中，大宗商品市场由于制度监管的不完善，经常会出现交割产品质量无法保证，规格难以统一，甚至经常出现溢短量严重等问题，给相关企业带来了一定的困惑。在交割价格方面也有一定的区别，大宗商品市场一般以交割前五日的平均价作为交割价格，而期货市场则以最后交易日的结算价作为交割价。

5. 交易目的不同

期货市场的持仓一般以对冲平仓来了结，投机者较多而交割量较少，而从原理上说，大宗商品市场的交割比例应更大，实现真实的商品买卖才是大宗商品市场的本质。

6. 对总量限制的规定不同

按规定，大宗商品市场的订货总量不得超过当期社会可供应商品的总量，同时对每个交易商按照其生产能力实行订货总量的控制。期货市场没有这类限制性规定，可以凭资金无限开仓，所以投机气氛更浓。

三、大宗商品市场的优势

据此，我们总结出大宗商品市场有以下主要优势：

1. 交易者对现货市场更了解

这是因为大宗商品市场的参与者绝大多数是本行业或相关行业的现货商，他们身处产业链中，对市场的分析和把握能力更强。

2. 交易品种更丰富

期货交易品种不多，一般年交易额在200亿以上的商品才可能成为挂牌品种。但大宗商品市场在这方面更具有灵活性，可以不拘泥于体量，根据实体经济的实际需求设计挂牌品种。

虽然有以上优势，我们也应该看到，大宗商品市场的潜在风险较大，流动性不如证券期货市场。而且，大宗商品市场一般都有着明显的地域性特征，同一个品种，在不同的市场交易的价格千差万别，不能充分反映全国市场整体的供求关系。

四、大宗商品市场的规范发展

大宗商品在国民经济中的地位毋庸置疑，为实体经济发展服务的宗旨也不能改变。尽管目前的大宗商品市场存在着不少的问题，但不能因噎废食，而应该规范发展。在规范市场方面，我国大宗商品市场发展应该秉持"六加强"：一是加强依法经营。二是加强高管、会员、投资者适当性管理，这点尤其值得注意。因为现在我们的市场进入门槛很低，对高管资质也没有规定和要求，而大宗商品市场既有商品属性，又有金融属性，还有证券属性，如果没有对从业人员、参与人员素质方面的加强，出问题的概率很大。三是加强运行的透明度，这个问题带有普遍性，提高透明度是保证市场规范、公平、公正的前提。四是加强清理违规市场主体，只有违规市场主体退出了，正规市场才能发展好，绝不能让违规市场搅乱了整体市场，搅乱了舆情，从而出现"劣币驱逐良币"的现象。五是加强风险准备制度的完善，防范重大市场风险。

在实践中，各地都在探索集中统一清算的新模式，地方政府纷纷推动或支持建立了清算所或登记结算公司，交易信息统一的登记查询，仓单进行统一的管理和公示。清算机构和交易场所独立运行，既有监督的功能，又是对风险的防范，对地方市场、区域性交易市场的发展具有非常重要的作用。同时，加强协会等自律管理也至关重要。目前我国大宗商品市场已经出现了一些自律机构，但机构的权威性及发展还处于非常初级的阶段，未来，行业的自律管理是一个方向，也具有非常重要的地位，需要我们方方面面去推动它、帮助它、实现它。

然而，从根本上说，要在规范的前提下推动大宗商品市场的发展，最重要的是两个方向：深化改革和立法。

但总体而言，市场的参与者都在转型；要相信市场之手一定会有它自己的规律，市场会沿着它所需要的方向和所需要的地方去转型。只要在转型中坚持以实体经济的需要为出发点和落脚点，坚持以为实体经济服务为大方向，不断提升市场规范化程度，我国大宗商品市场将迎来更加美好的明天。

解决这个问题的主要途径，就是在商品现货市场及其企业的建设与发展中，推行以项目经营管理为主、部门经营管理为辅的经营管理方针。这样的商品现货市场及其企业的经营管理方针，不但能够为相应的市场及企业，在产品创新及制度创新、建设方面，提供持之有效、有力的经营管理保障，也能为未来的、以项目分拆来展开市场及企业扩张上，奠定极具前瞻性、扩张力的发展准备。

五、国外大宗商品交易平台

它山之石可以攻玉，以下我们了解一下国外此类市场的情况，以期对我们建立规范的平台有所启发。

国外的场内交易，主要是美国的场内交易，是指正常交易时间的场内交易，也是交易量比较大、交易活跃的交易时间，与其相对应的场外交易，是指在场内交易闭市后交易所针对远东地区开出的电子化交易。但是，因为其成交量小而缺乏影响力，只是场内市场的补充而已。

国外的商品及衍生品场外市场是资本市场的重要组成部分，这既是因为网络技术的进步，也是竞争的态势所致。美国的资本市场竞争十分激烈，从CBOT和CME的世纪之争，到NYMEX兼并COMEX，再到CME兼并CBOT、NYMEX，最终成为CME集团。目前，CBOE以纯粹的期权交易和波动率指数期货期权取得了成功，但因期权交易的逐步普及，在全美、同样也出现了几家类似的期权交易所，还是无法一家独大。尤其值得一提的是ICE，洲际交易所在近几年异军突起，通过购并，目前已形成美国、加拿大和欧洲三大分所、五家清算所和两家场外OTC市场。这些市场竞争的利器首先是引入了全电子化交易的新工具，从而推动原有传统人工报价模式，使得电子化交易开始风靡。

2010年7月，多德·弗兰克法案获美国国会通过后，美国禁止了贵金属的场外交易，并将几乎所有的场外市场的交易交由各清算所进行场内清算，并对交易双方征收保证金，确保风险的可控。目前，OTC市场的结算量占据较大比例，以ICE为例，其场外市场的结算量占其总结算量的比例达60%，而场内交易结算量为40%。通过中央对手方进行清算的方式，保障了交易双方的利益，也使得系统性的风险得以阻隔及不被传递。

利率产品、外汇工具和信用违约掉期对场外衍生品市场的扩大起到了推动作用。场外衍生品市场的名义金额总量在此期间飞速增长，至2010年12月31日，该总量约610万亿美元。至2013年6月30日，利率合约以总计577万亿美元在全球场外衍生品市场中占最大比重。

美国场外市场的一些经验可供借鉴。美国在场外市场已有多年经验，其间也出现过金融危机和市场操纵，国内场外市场可以总结这些教训，以促进市场监管。从整个市场的发展来说，国内场外市场可以增加透明度，会员基金管理的透明度或者是中央化，这些都可以改善风险控制问题。

1. 伦敦黄金场外市场

近年来，伦敦黄金场外市场（LBMA），发展势头很强。该市场采用一对一的场外交易形式，没有实际物理的集中交易场所，交易通过电子网络来完成。伦敦黄金市场属于批发市场，单一交易最低限额为1 000盎司，是大机构间交易的市场，具有明显的分层次市场的特点。LBMA虽然是"一对一"的场外交易方式，但其结构和运行实际上也遵循市场的基本机制，符合交易所的经营原则。

LBMA允许产业链中任意规模的机构参与交易，它的每层市场中，都因两两的交易联系而形成一个立体网状结构，符合自然市场的组织形式。LBMA的竞争发生在任意层级中，九大做市商银行间也有着激烈的竞争关系，虽然LBMA每天两次产生一个"定价"，但事实上，这个价格也仅仅是五大报价行顺从市场价格的结果，这种竞争是LBMA产生价格并对世界各地发挥重大影响的基本机制保证。LBMA的做市商报价驱动方式中，报价行在报价时实际上是根据市场供需情况随时进行调整，这点可以从其每天两次的定价结果看出，所以在任意时间点上，交易的结果都是根据市场的具体需求而形成的均衡买卖结果，没有机构无条件的承担单边交易头寸风险。LBMA充当的角色是会员与其交易对手之间的协调者，其运作形式是通过无形的会员网络来实现的，LBMA形成了世界上最大的现货黄金交易、运输、交割体系。

美国OTC市场参与者可以出示买入价和卖出价，并且一个市场参与者可以选择接受另一个市场参与者所出示的报价而进行交易。这种交易组织方式的改变，也导致证券期货市场和OTC市场的差异变得更加模糊，见表3-1。同时，这也将使得OTC市场交易的中央对手方清算机制将成为未来的主要发展趋势。目前，国际市场对证券期货市场和OTC市场的理解，也正在逐步演变为风险分层管理的概念，即不同层次市场按照上市品种的风险大小，通过对上市或挂牌条件、信息披露制度、交易结算制度、证券产品设计以及投资者约束条件等做出差异化安排，实现了资本市场交易产品的风险纵向分层。

表3-1　国际证券期货市场与OTC市场的主要区别与变化趋势

	证券期货市场	国外OTC市场	整体趋势
市场形式	传统的物理交易场所	电子市场	两类市场逐渐趋同，均转向电子交易平台为主
组织方式	主要为经纪人制度，有也做市商	做市商、中央对手方、交易商、经纪商	使用中央对手方将成为两类市场的主流趋势
交易方式	公开竞价	协议交易、公开竞价、公开竞价	两类市场均会为以电子交易为主
交易标的	标准化合约	非标准化合约、标准化合约	标准化产品在场内场外交易成为主流趋势
监管方式	政府监管为主	行业自律为主	加强政府监管成为主流趋势。
清算机构	交易所集中清算	交易机构、清算所等	使用中央对手方清算成为主流趋势
价格形成	公开竞价方式形成	协议交易	OTC市场将在相当长的时间内继续扮演证券期货市场场外市场的角色

　　值得重点关注的是，在国际OTC市场中，其交易对象，既包括标准化合约，也包括非标准化合约；既有一对一的线下交易，同时也有多边的公开竞价交易。例如，在OTC市场的组织形式中，除了传统的"交易商双边协商模式"外，"电子经纪市场"模式采用的就是公开竞价交易和多边交易，而"混合模式"则是以经纪自营商为核心的"单向"多边市场。此外，随着互联网的发展，固定的物理场所更早已不再是场内市场的典型特征。

2. 伦敦金属交易所

　　诞生于1877年的伦敦金属交易所（LME），是世界上最大的有色金属交易所，其价格和库存对世界范围的有色金属生产和销售有重要影响。这是一家非常接地气的百年老店，积累了丰富的服务实体经济的经验，包括天天交易日日交割的个性化合约、遍布世界的交割仓库网络、分级结算的风险管理制度和会员自律管理机制等。举个例子，与一般期货交易所仅提供标准化的月合约不同，LME提供包括日合约、周合约、月合约在内的195个合约，紧贴现货交易的习惯，全天候满足企业套期保值交易的个性化需求。因此，LME不仅是期货交易所，在国际市场上，它通常也会被认为是大宗现货交易所。

伦敦金属交易所（LME）的合约设置如下：

合约设置以到期日为区分标准，例如今天为1月1日：

（1）现货合约：分为TOM和CASH，TOM和CASH合约主要是为那些需要在1-2天内交割的客户设置的，TOM合约是T+1日到期，CASH合约是T+2日到期。投资者可以买到1月2日到期的TOM合约和1月3日到期的CASH合约。

（2）现货和三个月合约称为日合约。3个月合约在三个月后可进行交割，投资者可以在1月1日买到4月1日到期的合约，1月2日买到4月2日到期的合约。

（3）4到6个月到期的合约到期日为每周三，这类合约称为周合约。

（4）7个月以上的合约到期日为第三个星期三，这类合约称为月合约。

伦敦金属交易所圈内会员（ring member）必须是伦敦清算所的会员，同时也是英国金融监管局FSA的会员，获得英国2 000金融服务与市场准则法授权，可以进入圈内进行公开叫价交易，可以进行24小时不间断的Interoffice trade，可以签发客户合约，即成为客户的"对赌方"或"庄家"。

目前，LME已成为现货期货两栖交易所，在操作上十分成功，所以国内大宗交易平台可以借鉴LME经验，以服务实体经济为己任，培育以机构客户为主的现货市场，尤其注重服务中小企业。要实现这个目标，首先要打造可靠的仓储和便利的物流，建立LME式的交割仓库网络和行业信用；再者要围绕企业需求，为大宗商品使用者、贸易商、物流商和金融中介等各方提供安全高效的大宗商品现货交易及供应链管理等综合服务。

据有关学者对当前世界上最重要的22家场外交易市场的交易模式所进行的分析表明：其中，采用集合竞价交易模式的有7家，占市场总数的32%，采用传统做市商交易模式的有4家，占18%，其余11家采用混合型做市商交易模式，占总数的50%。

综上所述，与国际市场相比较，我国在交易模式创新方面与欧美国家仍有较大的差距，但在服务模式创新方面却已处于国际领先地位，例如，在煤钢联动、多式联运、供应链金融等。

六、我国大宗商品交易市场

目前，我国的大宗商品交易市场，已由最初的信息提供者发展到交易平台提供者，正在向集电子交易、现代物流、金融服务和信息服务等功能于一体的电子商务综合服务平台转化。这种转化是与国际趋势基本相同的，而且在理念和创新上，我国还有一定的优势。加快发展商品现货电子交易，推动传统市场线上线下融合发展，不仅能够有效解决长期困扰我国的市场集中度低、碎片化、组织程度低等问题，促进我国商品流通效率提升和成本降低，更是实现我国流通产业现代化和现代商品市场体系建设弯道超车的关键。

在我国，理想的交易场所是真实市场的完美翻版，可以满足各种交易者的交易需求、符合市场规律、可以产生价格，等等，但现实中的交易所往往处于理想交易所之下的某个层级上，这就需要交易场所不断改变自身以力图达到理想状态。这个过程就是交易场所的创新过程。交易场所的创新点可以表现在组织结构、交易机制、结算设计、会员安排、交割制度等方面，基本目标是尽力满足市场需求。

没有规矩不成方圆。无论是从近两年来海外加大对场外市场的监管力度，还是国内新一轮大宗商品市场整顿来看，市场的基础性制度建设非常重要，而这其中进一步完善市场监管法规的重要性不言而喻。鉴于国内大宗商品领域场内与场外市场之间的关联度逐步提升，监管层显然也在考虑扩大拟议中的期货法的适用范围。

大宗商品市场要规范发展，总体方向应立足现货、提升现货、服务现货、回归现货。首先，明确地方政府作为清理整顿的主体和作为监管的主体。其次，尽快出台规范市场的管理办法，成立行业协会，规范市场交易制度的规则。

　　大宗交易的社会价值，就是为实体经济服务，那么，什么样的大宗市场才能切实促进地方实体经济发展？

　　要回答这个问题，首先在弄清楚大宗市场的社会功能。一般来说，这些功能包括促进交易、价格发现、融通资金、提供规避风险和投资投机的市场、培育市场力量等。自然市场的基本机制就是大宗市场的基本构建机制和运行机制。大宗市场的一个重要使命就是按照市场的基本原则和规律建立一种有形的社会组织，以减小交易成本、提高市场效率，为各类市场参与者顺利达成交易而服务。为此，大宗市场必须是中立的，自身不能参与具体的交易活动，这就需要在组织结构和组织制度、交易制度、风控制度、运行管理等所有环节建立整体的制度设计体系和运营管理体系。其次，大宗市场必须与传统现货市场互通互融，为实体市场提供服务。所以，要做到真正为服务实体经济，大宗市场就需要具备以下基本要素：自由平等，组织开放；网状结构，充分竞争；严格中立，联系现实；买卖均衡，产生价格。前两个要素是对市场机制的具体化，后两个要素是对交易所运行原则的具体化。

　　随着中国经济的持续快速发展，特别是城市化、市场化进程的不断加快，形成了对大宗商品市场的巨大需求，中国大宗商品市场（即商品类场外交易市场）有望保持增长趋势。

　　国内的三大期货交易所也关注场外市场，并提供了支持和合作的通道。2017年9月9日，郑州商品交易所副总经理王晓明在场外市场论坛上表示，发展大宗商品场外市场，有助于为实体企业提供灵活的、有针对性的风险管理方案，满足实体企业个性化、多元化的风险管理需求，有助于解决实体企业参与期货市场面临的人才、资金和内控难题，全面提升期货市场的功能。

自2016年以来，国内三大商品交易所都开始重视期货市场与现货市场的接轨了，从建立场外衍生品交易平台、增加现货交割的便利性，到支持期货公司风险子公司扩大业务范围、加强对实体经济的风险管理培训等等，不一而足。

目前，我国期货市场上市品种日渐丰富，参与者不断增加，成交量居于世界前列，大宗商品的"中国价格"影响力持续扩大，标准化场内市场建设也取得了长足进步。与此同时，期货市场的标准化与客户需求多样化之间的矛盾逐渐显露，成为困扰期货市场充分发挥服务产业、服务实体经济功能的重要问题。

为了解决这个问题，我国目前已成立了66家期货公司的风险管理子公司，为现货企业提供仓单、合作套保及场外衍生品等服务。根据中国期货业协会数据统计，2017年前五个月，风险管理子公司业务中，仓单回购金额同比增长94%，合作套保笔数同比增长357%，商品类场外期权名义本金同比增长355%。风险管理子公司已经进入快速发展的时期，逐渐成为衔接期货市场和实体经济的重要纽带，成为吸引现货企业间接参与期货交易的新纽带。

场外大宗市场的蓬勃发展，为传统期货市场开辟了新领域，指引了新方向。面对场外市场发展的需求，郑商所主动作为，2015年就启动了场外综合业务平台的开发工作。郑商所综合业务平台支持多种业务类型、交易机制和结算方式，旨在发挥交易所在市场公信力、风险管理等方面的优势，为场外业务提供交易、结算等服务，实现机构间的互联互通，提高场外交易效率，降低场外业务风险，促进场外市场的规范发展。

综上所述，现货大宗商品行业发展方向必然是降交易杠杆、促现货交收、服务实体经济。

降杠杆是国家有关政策的要求。事实上，行业本身也有降杠杆的要求，因为过于高的杠杆更多的是增加投机氛围，加大市场风险，不利于行业健康发展。促交收是国家清理整顿相关文件的具体要求。过去是交易量越大平台收入越多，但是，不少平台的实践证明，以实物交收为导向，平台收入反而可以稳定提高。而且，如果交易平台以交收为导向，将对整个行业的发展具有积极的战略指导意义。

总之，只要交易平台从交易模式上服务实体经济，从交易逻辑上促交收，从交易规则上公正、透明可追溯，就必然会步入健康发展的快车道。

INVESTMENT

COMMODITY
TRADING

第四章

模式辨析

模式是市场智慧的结晶，不是谁的专属

中国是一个大宗商品生产、消费大国，国内产品市场价格一旦与国际市场接轨，商品就进入了国际大循环，经营和销售也会出现新局面。随着技术的进步和影响大宗商品价格因素的增多，旧有的营销模式正在被打破，新的市场体系正在形成，所以市场亟待解决大宗商品交易中各方的困惑，理顺市场渠道，规范交易行为。随着信息技术的发展，人们借助互联网沟通和交流的机会增多，相互之间的距离大为缩短，效率大幅提高。在新的形势下，通过建立现代化的交易平台，打破传统交易模式中存在的信息壁垒，形成统一规范的产品价格渠道，无疑可以带动商品的产、运、销、需各方的发展。

大宗现货市场主要从事农产品、工矿产品、文化艺术品等的现货交易，为加快和推动大宗交易，市场设计者把接近现实生活的交易方式引入了电子交易平台。例如，网上订货是与传统的订货交易相仿的交易模式，可以采用远期订货、近期和即时订货方式；竞卖与现实中的拍卖交易相仿，竞买交易与现实中的招标模式相近。这些方式接近传统交易，已被投资者普遍认可和接受。

下面我们来梳理一下大宗商品交易的主要模式。其中虽然有管理层质疑的模式，但我们也开列于此，既是对大宗市场过往的总结，也希望启发模式的优化者和设计者，毕竟，这些人类几百年来积累的商业智慧并不是哪一个市场的专利。所以，交易模式本身没有严格意义上好与坏，能有效服务实体经济的模式就是好模式。这种模式应该以脱虚向实为立足点，建立集电子交易、信息发布、数据分析、供应链金融等多元化服务体系，合规合法运营，回归实体、服务实体。

首先，现货交易市场是建立多层次资本市场的组成部分。部分品类可以先放到现货交易市场交易，成熟后再放到国家的期货交易所进行交易。其次，要加强与产业链的联动，发掘产业链上下游企业的金融需求。

一、网上订货交易

（1）大宗电子市场应该是网上采购平台。在实际操作上，生产企业可以根据市场预测和生产计划，通过网上订货方式，在价格较低时提前预购，保证有充足数量的产品供给生产，同时减少购买成本、存储成本，锁定利润，有效地组织生产和经营活动。

（2）大宗电子市场应该是产品的网上调货平台和销售平台。产品经销商可以根据市场预测，通过网上订货交易方式，在价格较低时，提前预购，在产品价格升高后，通过市场卖出或者交割，从而获得利润价差。

（3）大宗电子市场应该是产品或其他适合挂牌交易的产品的网上销售平台。生产性企业可以根据产品产量和市场预测，在合适的时间提前卖出产品，以保证在交割时获得更好的利润。

（4）电子订货交易灵活方便，广泛吸纳参与各方，减少中间环节，降低交易成本，减少商品库存和资金占用，促进产品贸易和流通，助力大宗平台成为各行业标准的电子商务平台。网上订货交易增强了生产、经营企业的计划性，减少了生产经营活动的盲目性，使企业经营活动更加稳定有序，从而促进了企业效益的提高。通过网上订货，可以减少会员的资金压力，锁定了资源和交易成本，规范了交易行为，保证货物的销路。所以，该交易模式有利于产品供应的及时、有效和区域平衡，防止价格季节性和区域性的大起大落，促进产业发展。通过网上订货交易，产品经销商和生产单位可以根据市场供需状况，通过网上进行价格协商竞价，避免了市场混乱，在经济规律的基础上保证了各方利益，根据市场有效地反映了产品价格，为国家和企业提供了价格指示牌，同时也提供了一个决策依据。

（5）网上订货交易灵活的即期、按期、提前、延期交易模式，促进产品贸易和流通，助力大宗交易平台走向成功。

二、T+N订货交易

大宗交易平台为不方便参与网上订货的企业提供网上采购平台和销售平台，满足即期产品现货买卖的要求。

在网上订货交易模式中，平台可以设定不可转让交易，买卖成交后，必须进行货物与货款交割的方式就是T+N交易方式，并规定当天成交后，第N天交割货物与货款。

三、电子竞卖交易

我们应该把大宗交易平台打造成为生产和经销企业大批量卖出或者经销生产资料的商务平台。

在某一产品供货量满足不了市场需求，或产品质量指标与网上订货交割的产品标准不一致时，产品持有人可以向市场请求拍卖持有产品。

大宗交易平台根据产品持有人申请，及时组织产品需方用户持担保金参加竞价投标，规定在一定的时间内，报出最高价的竞标人中标，在拍卖成交后，任何一方不能履行合约，交易市场将对违约一方进行处罚。

大宗交易平台为保护产品持有人的利益，事先规定回购价，在回购价以下，产品持有人可以回购所卖产品。

通过拍卖方式，出最高价者为中标方，产品出卖人获得了最大的利益，最需要产品的企业，通过竞价获得了产品，各方利益得到体现，该种方式与现实中的拍卖模式一致，便于人们接受和认可。

产品的种类较多，质量差距较大，人们的需求也存在多样化，所以，电子竞卖方式接近现实中的现场拍卖，生动地把现实中的现场拍卖搬到了互联网上进行，实现了跨地域的交易，增加了客户参与的机会，在更大的范围内，实现了更加公平的竞争，成交的产品价格更加切合市场实际，产品价格得到最大化的提升，更好地体现产品的市场价值，这种方式对产品持有方有利，采用这种方式对于提升产品企业的发展、促进产品物流的发展具有非常重要的意义。

拍卖方式较好地解决了在某产品供应紧张时或产品的质量指标不符合网上订货交割标准的社会需求。

四、招标交易

我们应该把大宗交易平台打造成为产品加工企业大批量买入服务的行业电子商务平台。

在市场上产品供过于求或所需产品质量个性特点显著或用户对某产品需求量较大时，需方会员可以向市场提请招标，由市场组织产品持有人参加投标，卖出意愿最强烈者，以最低价卖出产品，及早获得赢利，盘活资本；同时利于需方用户控制成本，扩大经营；各方利益得到体现，有效地推动产品的销售。

招标交易方式较好的解决了在产品供过于求、产品的质量指标不符合网上订货交割的标准时的社会需求。

产品加工企业采用这种模式，可以最大化地减低产品采购价格，控制采购成本，降低采购费用，提升企业效益。

五、网上现货挂牌交易

在操作台，应该把大宗交易平台打造成反映产品多样性交易的行业电子商务平台，广泛吸纳中小商户参加，满足大多数商户的交易需求，促进产品商户的进入，满足产品现货流通的业务需要。

由于商品品种很多，质量相差很大，不是所有的品种都能参与网上订货交易，为更大限度地吸引行业客户，体现个性特点，真正实现产品商品的网上交易，大宗平台可以开辟产品网上现货挂牌交易。

1. 交易准备

（1）交易市场选择参与网上现货挂牌交易的交易商，根据其履约情况确定其信誉等级，选择部分可参与现货交易、交收的标的物，并确定其质量要求等，确定可交割标的物质量标准。

（2）所有参与交易的交易商均需保证金或相当挂牌数量20%的货物存放在市场指定仓库。

（3）挂牌交易时间由市场选定，其他时间可以挂牌、撤销挂牌、查询挂牌信息等，但不能交易。

2. 供方

（1）在交易前，供方将拟销售商品提交给交易市场，包括：商品名称、规格、质量标准、产地、有效期、交收时间、交收地点、最小应约量、价格、数量等，经平台审查，可以参与挂牌交易。

（2）在未成交前，供方可以撤出挂牌，挂牌量未全部成交前，继续挂牌，并显示未成交量，挂牌量全部成交，该挂牌信息自动消失，供方必须对其成交负责。

（3）在供方提交挂牌信息时，交易系统按照市场规定预扣供方挂牌标的物交易保证金，一般为交易标的物的10%。

（4）未成交商品，在挂牌有效期内，可以继续挂牌。

3. 买方

（1）买方交易商可选择查询卖方的挂牌信息，选中符合自己要求的供方标的物后，输入应约数量和价格，提交系统形成采购指令，应约数量必须大于或等于供方规定的最小应约量。

（2）买方输入指令时，系统判断其保证金是否足额，足额则允许下单，否则，提示保证金不足，追加保证金后再下单。

（3）未成交单可以撤销，成交后必须履约。

（4）当日交易期间，买方未成交应约单，则自动作废。

4. 成交规则

（1）自动成交：当买方应约价等于或高于卖方挂牌价时，按照时间先后原则，自动撮合成交，成交价为买方应约价格。

（2）卖方选择成交：对于不能自动成交的应约，卖方可选择能接受的应约与其成交，成交价为买方应约价。

（3）买量不分拆成交规则：挂牌商品可根据挂牌方约定的最小应约量分拆成交，买方应约数量必须一笔成交，不能分拆多笔成交。

5. 结算与交收

（1）当买方不需要通过市场结算时，经市场同意后，扣除交易双方的交易手续费，释放双方交易履约保证金，交易完成。

（2）但买方需要通过市场结算时，在交易市场规定的时间内，买方向市场付足货款，卖方向市场提交签发提单。在买方提交足额款项后，释放其履约保证金。

（3）买方在收到提单后验收货物后，办理过户或提货手续，在规定的时间内，买方对货物质量未提出书面异议，市场则划付80%给卖方。在规定的时间内，卖方提交足额增值税发票后，并支付剩余款项给卖方，同时释放其履约保证金。

（4）在买方提出异议后，在规定时间内，由市场委托的专业质检部门，进行质检，根据质检结果，由违约方出具质检费，并承担违约责任。

六、现货挂牌洽谈交易

现货挂牌洽谈交易可分为现货要约销售和现货要约采购两种，交易商首先进行现货挂牌要约（销售或采购），感兴趣的采购商查阅到挂牌要约信息后，可以应约（采购或销售），在买卖双方确认成交后，可以通过交易系统签署详尽的电子合同，双方可以打印合同，签字盖章后进入货物交收处理、货款了结、违约处理和违约金支付流程。

七、竞价拍卖交易

竞价拍卖交易是指类似于现场拍卖会式的、卖方交易商对自己的现货进行竞价拍卖的 "一对多"的竞价交易模式。卖方交易商填写、发布竞价销售商品委托报单的详细信息，买方交易商可以下单竞买，在交易期限内按照价格（高）优先、数量优先、时间优先的原则成交。

八、OTC模式

OTC（场外交易市场，又称柜台交易市场），柜台交易是指在证券期货交易所以外的市场所进行的交易，英文全称Over-the-Counter。OTC起源于100多年以前，当时美国证券市场就已经有许多不在纽约证券交易所和其他证券交易所市场交易的有价证券，投资者可以通过证券公司或是银行购买这些股票。由于当时的投资者只能够到证券公司和银行开的门市部的柜台上买卖股票，柜台市场和柜台交易也因此而得名。和交易所市场完全不同，OTC没有固定的场所，没有规定的成员资格，没有严格可控的规则制度，没有规定的交易产品和限制，主要是交易对手通过私下协商进行的一对一的交易。

国内目前的OTC市场大多是指由交易中心参照国际交易市场选择活跃的国际化交易品种，并将交易价格换算成人民币价格，客户以交易中心提供的价格，以其自有资金参与交易、交割的一种交易模式。目前，在国内上线的现货OTC交易品种主要为原油、天然气、燃料油、成品油、塑料、橡胶、PTA、PVC等一系列石油化工产品，与国际相关品种紧密关联，实现无缝对接，可以进行风险规避、套期保值、投资获利。

理论上，OTC交易模式有以下优势：

（1）结构优势：全新设计的现货OTC交易，交易中心、会员、客户在业务结构上各自独立，保证了公平的交易环境。

（2）品种优势：上线交易的都是国际市场的热门品种，是国际产品价格变化的发动机和行业的风向标，是国际贸易中的最大宗的商品，关注度高、价格波动大、交投活跃。

（3）数据源稳定：都是由全球领先的专业信息服务提供商行情接入，以确保数据权威、实时、稳定，辅以多路备份数据源，确保交易连续不间断。

（4）报价透明：产品报价参照国际对应合约实时行情，价格影响因素确定，除国际合约行情变化外其他因素不影响报价变化。

（5）月份交割：一般都会按照国际市场月份合约和现货贸易特点设计了月份现金交割，为遵循服务现货的原则，还可通过特定渠道实现实物交割。

（6）价格无跳变：每月交割后切换合约及调整汇率，规避了月份合约价格跳变及每日汇率调整产生的价格风险，同时保证了报价的真实性和活跃度。

不过如上所述，现在国内有的OTC市场已不是传统意义上的柜台交易市场，而是自身不产生行情，引入国际市场行情通过做市商制度进行，如不断被曝光的白银现货和原油现货。这些交易场所采用的OTC模式，本质上是模仿国外的行情从事金融衍生品的炒作，其中有一部分平台或代理商不但运作不规范，而且还有误导客户之嫌，不符合国家对大宗市场的要求。

九、跨市场交易模式（CMT模式）

随着互联网战略不断升级，中国企业走出国门参与国际竞争的步伐也越来越大，与此同时，大宗商品以其特有的交易特点，也正逐步与国际接轨，迈入转型升级、服务支持实体经济发展的阶段，未来的中国大宗商品交易市场不仅是服务企业与消费者的采购和销售市场，更意味着将对国际大宗商品定价产生举足轻重的作用。在这个大背景下，CMT模式应运而生，国际信息大数据平台同步全球发展。

CMT模式就是跨市场交易模式，该模式在引入物联网和云计算等先进技术前提下，利用全球化的综合信息资讯平台和数据中心，提供适时、实用、前瞻和权威的精准商品信息服务，形成互联互通、信息共享，改变目前国内大宗商品信息平台"小、散、乱"的现状，打破行业内上下游间、地域间的信息不匹配、不对称现状，让企业、消费者以及投资者第一时间掌握最新最全面的大宗商品交易信息，而基于信息平台基础上构建的智慧物流信息服务平台，进一步提升了大宗商品的核心竞争力，实现线上线下服务一体化。

CMT模式一方面用户可以通过线上交易根据当前商品价格的波动差价赚取利润，另一方面还可直接进入线下实物购买环节，通过智慧物流信息平台获得产品垂直配送到家的优先服务，真正实现消费与投资的有机结合。

通过CMT交易模式，当面对全球市场大宗商品交易的波动风险时，能够有效地将价格波动风险转移到国际市场，从而尽可能地保障国内客户的交易利益。

用户在国内大宗商品市场进行商品买进或卖出的同时，由交易市场合作的基金公司全额在国际商品交易市场进行同方向、同价值交易对冲保护，从根本上杜绝了少数会员单位恶意损害交易客户利益的行为，有效地保护了商品交易各方的利益，并在"国内"与"国际"之间建立一种风险转移机制，使用户的交易风险降到最低。

中国作为全球大宗商品最大增量的国家，大宗商品必然在未来世界贸易格局中占据越来越重要的地位，此时交易市场CMT交易模式的问世，不仅将提升中国企业的竞争力、投资者的收益率、消费者的购买力，促进本土经济发展，更有利于推动交易商品的全球辐射力，提高我国大宗商品国际定价影响力。

十、发售模式

发售模式是资产商品证券化的尝试，属于类证券模式。2009年9月17日，天津文化艺术品交易所（与天津文化产权交易所无关）正式成立，文化艺术品份额化交易作为一种全新的交易模式，不但引领了文化艺术品证券化的创新，而且也为投资者提供了一种新的投资方式，无疑是有标志性意义的。

艺术品份额化是先将艺术品经由专业鉴定评估机构鉴定评估后，再按其估价均分成一定份额，投资者购买一定份额即可参与艺术品交易的模式。作为一种全新的交易模式，其从诞生之日就备受投资者青睐。但是，凡事都无法逃过盛极而衰的规律，由于投机过度，而且份额化无法实现交割，所以，天津文化艺术品交易所为代表的艺术品份额化交易不久便被政府叫停。

2013年10月，南京文交所钱币邮票交易中心上线，首创现货发售交易模式，且迅速被广大投资者所接受，由于前期主要交易邮票、钱币和纪念卡，因此这种模式也被广大投资者称为邮币卡电子盘交易。南京文交所邮币卡的成功上市，吸引其他交易所纷纷效仿，现货发售交易模式迅速成为行业新宠并得以快速发展，成为邮币卡市场交易的主角。同时，也有为数不少的平台用发售模式上线交易其他商品，如茶叶和酒等。

现货发售模式由一级市场的现货发售和申购、二级市场的现货所有权电子交易两部分构成。发售申购阶段，发售商在交易平台进行商品发售要约，采购商、贸易商和投资者进行全额货款申购。申购成功的交易商既可在交易所电子交易平台进行商品转让，也可申请提货交收，发售完成后，交易商还可在二级市场买入商品，并进行商品转让或提货交收。

十一、点价模式和基差交易

点价（Pricing）的意思是，当现货购销双方在确定现货买卖价格的时候，并不是确定一个明确的价格，而是确定一个定价公式，这个公式就是"现货买卖价格 = 期货价格 + 升贴水"。通常在签订买卖合同的时候，先确定升贴水，然后买方可以在随后的一段时间内（点价期），根据期货价格的变化来选择价格，比如签订合同一个月后的某天，买方认为当前的期货价格再也跌不下去了，所以就通知卖方，用这个时候的期货价格来计算现货买卖价格，这就是点价的过程。

点价是现货购销时的一种定价模式，其实跟基差交易是一样的，只是在国内的应用早期没有基差交易要求的那么规范而已。点价也就是确定、落实现货购销价格（spot pricing），是从国外粮商做进出口贸易时引进的一个概念，最开始翻译的时候，把spot（现货）翻译成了"点"，因为spot的另外一个意思就是"点"。

通常情况下，点价期的确定由卖方来确定，当然也有买方确定的时候，这得看双方的谈判能力了。买方必须在点价期内点价，否则卖方就得按既定的价格或者最后时刻的期货价格来计算现货买卖价格，这称为强行点价。

点价的作用体现在给买方一个选择价格的机会。最初，点价常用在大宗商品进出口贸易当中。因为进出口贸易需要比较长时间的物流时间，而这段时间内货物的市场价格可能发生很大的变动，以至于对买方很不合算。

例如，中国企业从美国进口大豆，船期35天。进口大豆时，要交每船600万元的保证金，每船大概6万吨。从大豆离开美国港口，要经过35天左右才到达中国。但是，在这35天内大豆价格可能大幅下降，这样的话，中方即使放弃保证金而选择从别的渠道拿货，也比直接要原订的货划算，这就意味着中方违约，这种生意就不容易进行下去。为了解决这个问题，美方就可以跟中方签订一个点价协议，让中方在签订协议后有35天的点价期，在这段时间内，中方可以按照国际期货市场的价格进行点价，这样就避免了运输期间价格大幅波动的问题，中方也不至于被迫违约了，所以是对双方都有利的。

以上我们简要介绍了目前流行的各种模式。不论监管形势是严厉还是宽松，要想经营好一个平台，就必须遵循服务现货，服务实体经济的基本原则。在这个原则下，以下四大现货模式是平台经营的基础模式：

第一，现货商品挂牌。这个模式是指挂牌方通过交易所挂牌报价系统，预先公布要买卖商品的详细情况，包括商品名称、生产厂家、品牌、商品质量、价格、数量、最小摘牌量（起摘量）、最小摘牌单位、交货地点、交提货方式等要素，经交易平台审核后通过交易所交易系统进行"挂牌"发布买卖信息，摘牌方在挂牌信息中选择所要采购或销售的商品，进行买入或卖出，成交后即视为买卖双方订立现货购销合同的一种现货交易方式。合同订立后不可解除、不可变更、不可转让。买卖双方都须在交易所专用资金结算账户存入规定金额的履约保证金，由交易平台监督双方履约。

第二，现货商品竞价。这个模式是指交易商经交易平台审核批准，通过交易平台竞价交易系统，预先公布要买卖商品的质量、数量、交收方式、交收日期、竞价幅、最小竞买（卖）单位、起竞价等产品信息后公开挂牌买卖，由符合资格的竞价交易商通过平台竞价交易系统自主报价，按"价格优先、时间优先"的原则成交的交易模式。

第三，现货商品即期。这个模式是指在交易平台的主持下，交易商通过计算机交易系统发出商品买卖指令，按照优先条件由计算机交易系统配对成交、当日进行交收的交易行为。计算机交易系统是指交易平台为交易商提供，进行商品的买入或卖出的系统。计算机交易系统接受交易商编码和交易密码，自动为交易商做出电子签名。交易达成后实名显示。

第四，商城购销。这个模式方式分为商品选购和商品订购两种方式。

商品选购是指购销商通过对商品的比较，从中挑选出自己需要的商品购买。商品订购是指以购销商自身需求为依据，预订商品的购销行为。

在这一章的最后，我们来重温一下《期货交易管理条例》对变相期货的定义，各平台应及时对照自省：

2007年4月15日正式实施的《期货交易管理条例》对变相期货作出了明确的定义。

该《条例》第八十九条规定，任何机构或者市场，未经国务院期货监督管理机构批准，采用集中交易方式进行标准化合约交易，同时采用以下交易机制或者具备以下交易机制特征之一的，为变相期货交易：

（一）为参与集中交易的所有买方和卖方提供履约担保的；

（二）实行当日无负债结算制度和保证金制度，同时保证金收取比例低于合约（或者合同）标的额20%的。

而在该《条例》第四条中明确规定，期货交易应当在依法设立的期货交易所或者国务院期货监督管理机构批准的其他交易场所进行。禁止在国务院期货监督管理机构批准的期货交易场所之外进行期货交易，禁止变相期货交易。

INVESTMENT

COMMODITY
TRADING

第五章

软硬兼施

信息化系统是平台成功的基础

大宗交易平台是公正、公平、公开的交易场所，其主要功能是提供交易、信息、质检、仓储、运输、保险、结算等第三方中介服务，其业务关系如图5-1所示：

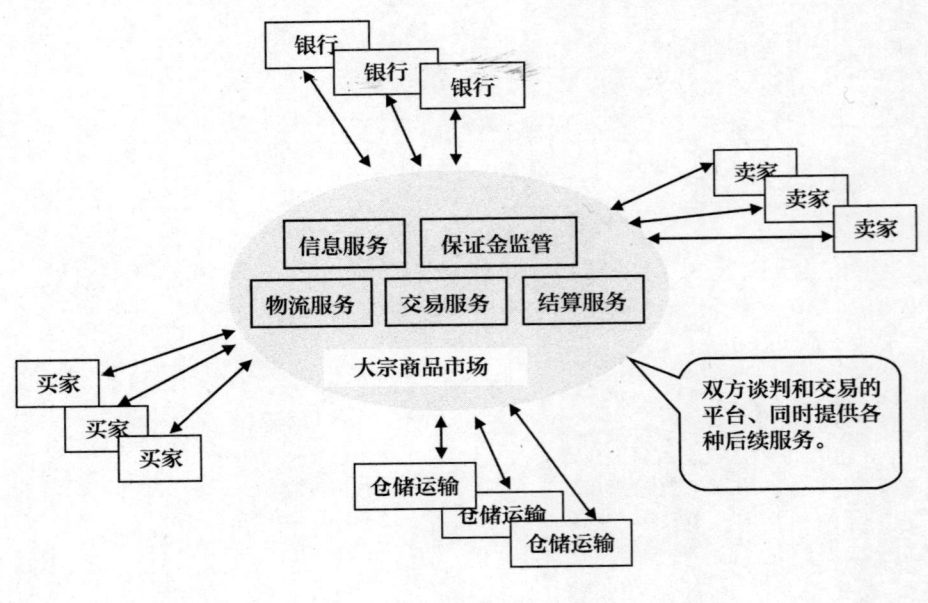

图5-1 大宗交易平台业务关系

大宗商品市场是在供需双方充当一个中立者的角色，其提供的信息化平台直接为买卖双方服务，交易者可在这个平台上签订电子合同。

这个交易平台可以为客户提供信息服务，支付服务以及交易服务，也可以提供各种仓储、运输等物流服务。

这个交易平台可以发布大量的行业信息以促进行业间的沟通，交易中所产生的价格可以及时反映市场的供求变化，加快整个供应链的运行效率。

大宗商品市场信息化平台是经济发展的必然要求，也是互联网技术发展的必然产物，是大宗市场的标配，它的一般应用规划如下：

一、信息化平台的建设内容

信息化平台建设主要包括电子交易系统、信息采集发布平台、信息基础平台。

电子交易系统：以会员为主体，进行网上订货、竞买、竞卖交易（竞价拍卖），实现交易管理、清算管理、交收管理等。

电子交易平台承载了大宗商品市场的所有交易业务，电子交易平台的先进性、稳定性、可靠性，直接影响着大宗商品市场的发展，所以说建立先进、稳定、可靠的电子交易平台至关重要。

在线支付系统、物流管理系统是电子交易系统的配套服务项目，它们与交易系统一起构成交易市场的核心服务系统。

信息采集发布平台：实现信息发布，对市场内外用户的网上信息发布系统，是市场交易业务发展的信息服务工具和市场发展的宣传工具。

信息基础平台：信息基础平台是实现整个信息系统的基础，主要由网络基础建设（综合布线系统）、硬件设备、网络管理及安全、系统运行平台等组成，如图5-2。

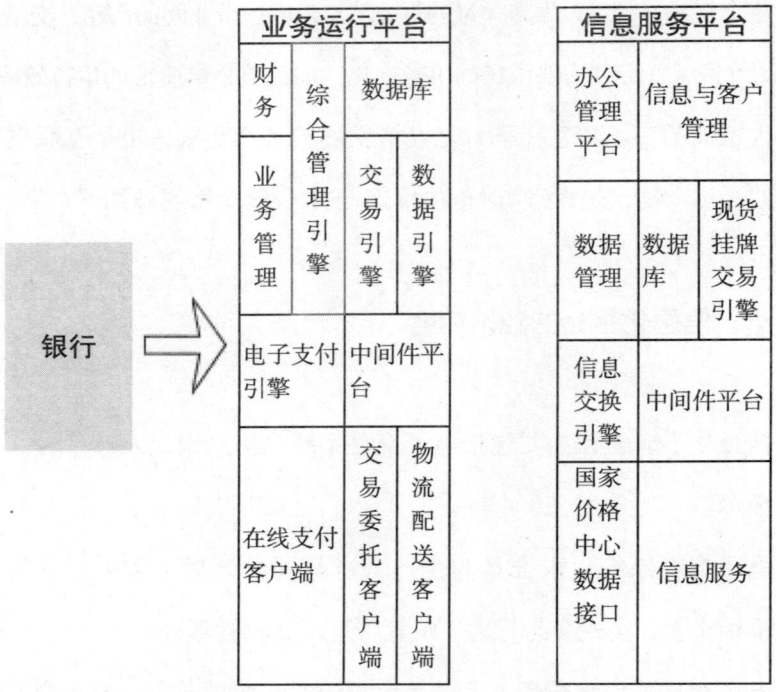

图5-2　信息化平台的基本框架

二、电子交易系统

建立电子交易平台的目的是为买卖双方的委托提供一个计算机化撮合配对工具，并向会员公司，交易员及系统管理和使用人员提供当前的市场行情信息及其相关信息。

应建立多种形式的交易平台，可进行网上订货、T+N交易、竞买竞卖交易，实现交易管理、结算、下单、查询、交收等，完成大宗商品市场交易的核心业务。并为仓储、物流、银行、信息采集与发布平台预留数据接口，实现信息共享和交流。

以会员为主体，进行公开、公正、公平的跨地域交易，实现网上交易、结算、管理，能够最大限度地降低买卖双方的交易成本。

为适应交易的实时性和高度风险性，系统应采用技术保障措施，为保证系统的运行高效性，应采用内存交易方式，交易数据完全在内存中，保证高峰时交易性能也能满足交易即时回报的要求。另外，管理人员可以通过多种监测及实时管理手段对整个市场或指定会员进行监测和管理，以保证交易的正常进行。

在交易系统应使用交易中间件，交易中间件处理会员交易身份认证、数据加解密、路由解析、数据分发等任务，在系统中使用交易中间件技术极大地扩展了系统的处理能力，保证了系统架构体系的安全。

在交易系统的设计上应把交易和行情分开，确保系统的扩容、布置和使用方便快捷。

电子交易平台承载了大宗交易平台核心交易业务，大宗交易平台的电子交易系统是大宗商品市场的核心系统，必须采用具有成熟经验的、经过运行的、技术成熟的、稳定可靠的系统，其他的系统应以交易系统这个核心为中心，围绕这个核心提供交易业务的配套服务。

三、信息采集与发布平台

我们应把大宗交易平台中信息采集与发布平台建设成为产品行业的专业信息服务平台，通过互联网络使用该平台实现大宗商品市场的动态新闻、供求信息、交易信息、产品信息等的动态发布和产品信息资源的共享，为产品供需双方、经营者和产品市场服务。

信息采集与发布平台是大宗商品市场的网上门户，是与客户沟通不可缺少的桥梁，通过整合大宗商品市场的信息资源，建立大宗商品市场与产品企业交流的网上通道，汇聚产品供给资源，掌握企业商品信息，为产品企业提供更好的现货流通渠道，为客户提供网上快捷、稳定、可靠、主动的信息服务，提高服务手段，支持大宗商品市场发展客户，扩大影响力，提高大宗商品市场的效益，推动大宗商品市场的发展。

通过建设信息采集与发布平台，提升交易市场的形象，反映产品交易市场的经营理念和运作思想，体现企业文化，弘扬企业精神，规范产品市场的流通渠道！通过建立该平台方便大家了解大宗商品市场，成为大宗商品市场的忠实客户，获得交易市场的支持，加盟交易市场，助力交易市场获得更为广泛的供求信息，拓展交易业务，建立更加广泛的业务联系，为产品企业提供服务，促进大宗商品市场的发展。

在信息时代，信息采集与发布平台反映交易市场的全貌，客户认识交易市场往往是从网上开始的，加强信息采集与发布平台的建设至关重要！

信息采集与发布平台是大宗商品市场的实用兼形象展示窗口，不但传递商品信息，也能沟通生产企业与大宗商品市场的联系。

大宗商品市场信息采集与发布平台采用三层B/S/S结构设计，管理人员通过管理员浏览器客户端，输入口令并经系统身份认证后，即可进入管理端对信息进行编辑、整理、审批、发布等，所有操作均由日志记录在案。

大宗商品市场建立信息采集与发布平台的目标是为了实现其业务的增长，增加人们对其的了解和认识，扩大其知名度和影响，引导买卖产品的投资者进场交易，增加交易量，同时为会员提供服务，其中：

1. 宣传平台

介绍大宗商品市场的基本情况、背景、服务宗旨以及公平、公开、公正、高效便捷的服务理念等。同时展示交易市场的交易场景、仓储设施、及其他图文资料等。

业务指南：介绍电子交易业务流程，入会申请流程和入市交易流程，引导客户参与交易，引导会员办理产品的申卖与申买业务。

组织机构：介绍交易市场的各部门设计，以及各部门的职责，联系人和电话，以便为会员提供更好地服务。

行业动态：介绍市场的有关规定，产品的市场需求情况，交收的有关规定以及影响价格波动的主要因素等，以便会员能更好地进行交易。

介绍产品国际以及国内市场方面的最新信息。

产品论坛：为会员提供网上交流的平台，以及业务咨询的平台，以便会员更广泛地了解市场信息和市场动向。

供求信息：方便会员发布各种需求信息，集聚人气和向心力。（会员提交供求信息后的发布权归交易市场。)

市场公告：公布交易市场产品信息及重要通知，以便会员及时了解市场变化，更好地进行交易。

市场动态：大宗商品市场的各种活动，体现企业文化，包括各级领导人参观、视察、发表意见等。

相关链接：相关行业的友好链接。

2. 业务平台

技术服务：提供技术支持工具、技术支持信息等。

网上行情：提供最新的产品大宗商品市场的行情信息。

竞卖公告：在网上公布大宗商品市场预售产品信息。

会员专区：为会员提供服务区域，提供短信定制、及时发布交易信息和国内外产品供给和需求信息，提供手机短信收发功能等。

另外，可以实现客户通过网上办理申请会员的手续。

席位会员专区：查看、打印和下载有关交易信息，开办网上申卖买产品的信息服务，为会员提供交收信息、出入金信息、结算单信息。

成交信息：每天公布大宗商品市场成交情况。

专家看势：介绍专家对产品市场走势的看法。

网上超市：交易商可开展市场指定品种、指定质量、指定交货仓库的产品网上现货交易，卖方交易商自主挂牌，买方交易商选准挂牌邀约，自主应约，采用自动成交（当买量大于或等于起卖量、买价等于或高于卖价时）、选择成交方式（当买量大于或等于起卖量、买价低于卖价，或交货地有异议时，卖方可选择买方合同条款，与其成交），成交后，通过市场完成交收结算。

3. 信息基础平台

信息基础平台的建设必须保证先进性，先进性将保证系统具有较强的生命力，有较长期使用价值，符合当前或未来的趋势；先进性将体现在先进的思想、先进的技术方法、先进的平台、先进的软硬件产品等各个方面；网络体系结构应支持多种通讯协议，多种数据库和客户机/服务器应用，支持与其他机构、企业的主机和网络设备互连通讯；在充分考虑投资规模、人员素质、系统环境等因素的情况下，保证系统切实可行，发挥网络产品的性能优势；系统须具备网络备份、群集和在线故障恢复能力，所以要求关键设备能做到实时备份和自动故障切换，适应未来的发展。

当前，应用对通讯速率的要求增长很快，网络技术也不断推陈出新，所以网络设计要考虑到将来若干年内的发展，尽量采用最新而且成熟的技术；网络体系结构能方便地适应先进技术的使用，具有高带宽使信息通讯不至成为应用扩展的瓶颈；对于硬件设备，如网络设备，重要的服务器，在选型、系统设计、安装时要保证在将来业务量增加的情况下，方便地增加性能，扩展功能，并保护以往的设备投资。使用最新网络技术，支持虚拟局域网管理，有效分离各网络业务，实现网络优先权访问，控制来自Internet的攻击，使网络安全得到保障，在大宗商品市场信息化体系网络系统中应设立专用的网管工作站，并配置专业的网络管理软件，使用VLAN技术的交换机，利用交换机中的VLAN技术和安全功能，可控制内部网络中用户对不同资源的访问，以达到内部网络安全控制功能，对外采用防火墙技术防止HACKER入侵，使用防火墙及壁垒主机，对数据包进行过滤，禁止某些地址对服务器的某些服务的访问，并在外部网络和Web服务器中建立双层防护。利用防火墙，将服务器中没有必要从防火墙外面访问的服务及端口阻隔，进一步增强开放的服务的安全性，数据传输采用加密手段，提高系统的安全保密程度。

利用CA身份认证系统，确保网上交易的安全性，保证网络系统的安全性，防止因网络故障造成系统的瘫痪。关闭所有没用的端口，以防黑客的攻击，对调试的端口要进行处理，包括TELNET、FTP等屏蔽。对TCP/IP地址进行合理的分配，对网段进行科学的划分，交易网关设计必须确保安全。

使用功能强大、性能卓越的关系型数据库DB2，通过验证用户名称和口令，防止非DB2用户注册到DB2数据库；授予用户一定的权限，限制用户操纵数据库的权力；授予用户对数据库实体的存取执行权限，阻止用户访问非授权数据；提供数据库实体存取审计机制，使数据库管理员可以监视数据库中数据的存取情况和系统资源的使用情况；采用视图机制，限制存取基表的行和列集合，从而保证了数据的安全性。

交易服务器和交易备份服务器通过磁盘阵列构成双机备份，这项技术是比较成熟的技术，交易服务器在工作时，及时把内存中的数据写入内存镜像文件，交易服务器作为交易撮合的主系统，交易备份服务器作为数据库服务器，同时兼作主交易服务器的备份服务器，当主交易服务器损坏时，在备份服务器中，启动交易进程，运行内存镜像文件，就可把交易恢复到服务器毁坏前的状态，进行正常交易，或者在备份服务器中映射交易服务器内存中的所有信息，在侦测到主交易服务器故障时，备份服务器自动工作接替主服务器的任务。

在充分考虑安全性、可靠性、高效性、技术领先性、易用性、可扩展性、互连和开放性原则、可管理性的基础上，根据上述目标和对具体需求的分析及我们对系统集成行业的深刻理解，考虑到大宗商品市场的运作情况，并结合相关产品和技术。

要建立一个地理上覆盖市场所有区域以交换式千兆或百兆以太网为主干，百兆交换到桌面的星型网络，市场内所有部门的通讯设备都能够方便地连接到市场的局域网络，提供10M带宽专线接入Internet，电信互联网与联通互联网互作备份，每路都有固定IP地址；同时配置必要的网络设备，确保市场的网络系统具备平滑接入互联网的一切条件，实现远程交易服务。

此外，现代化的大宗整台，应该能够提供如下服务：

（1）现货交易服务。提供从卖方卖出、买方买入、买卖双方洽谈沟通、签署电子合同、付款结算、货物转权、发票跟踪的全链条线上功能。并结合U盾、即时通讯、银企直连、网络专线、短信通道等服务，为客户提供安全、便捷、友好的交易体验。

（2）智能仓储服务。提供货物入库、出库、盘点、移位、结算、工单、设备管理等功能。并结合LED、密码键盘、标签打印机、地磅、高拍仪、身份阅读器、PDA、智能RFID标签读写器等现代化智能硬件，为客户提供安全、高效、可靠的仓储管理服务。

（3）金融服务。提供订单融资、仓单质押、融货、票据、供应链金融、保理、小贷、融资租赁等综合性金融功能。并结合客户评级、信用审核、实物质押、综合授信、贷后监管等风险控制措施，为客户提供安全、高效、便捷的全方位金融服务。

四、信息化系统的一般硬件配置

信息化系统的硬件配置以用户的实际需求为准，并不是配置越高越好，台下的标准配置，可以满足一个中等规模的市场的基本需求，如表5-1。

表5-1 大宗市场信息化系统标准配置

序号	设备名称	型号	配置明细	用途
1	核心交换机	S9303	框式模块化交换机，支持3业务插槽，最大支持144个千兆端口或36个万兆SFP端口；吞吐1.92Tbps包转发率：1440Mpps本次配一块48个千兆电口业务板，配一块12个万兆SFP口业务板加12个万兆光模块	用来连接服务器
2	负载均衡器	PAS-K4224	24端口，背板带宽640Gbps，标配16个万兆接口，另外加配8个10/100/1000BASE-TX，12G吞吐，1800万并发	分发网络流量，优化网络结构

续

3	防火墙	飞塔	4*10GE+slots，16*GE SFP slots，18*GE RJ45 ports，120GB SSD onboardsrorage。72G防火墙吞吐，并发1 100万	用来防止病毒入侵、网络攻击，优化网络结构
4	数据库服务器	R730	英特尔至强 E5-2620 v3 2.4GHz,15M 缓存,8.00GT/s QPI,Turbo,HT,6C/12T（·85W）最大内存1866MHz 1 R730/xd PCIe Riser 2, 中心 1 R730 PCIe Riser 3, 左 1 R730/xd PCIe Riser 1, 右 1 机箱含最高至 8, 3.5英寸硬盘 1 DIMM Blanks 用于含2处理器的系统 1 2133MT/s RDIMMs 8 16GB RDIMM, 2133 MT/s, 双列, x4 带宽 1 升级到第2个英特尔至强 E5-2620 v3 2.4GHz,15M 缓存,8.00GT/s QPI,Turbo, HT,6C/12T（85W） 1 iDRAC8 Express, 集成戴尔远程访问控制器, Express 2 300GB 15K RPM SAS 6Gbps 2.5英寸热插拔硬盘,置于3.5英寸 HYB托架,13G 1 PERC H330 集成 RAID控制器 1 QLogic 2662, 双端口 16GB,光纤通道 HBA, 全高 1 DVD+/-RW ROM, SATA, 内置 1 Broadcom 5720 QP 1Gb 网络子卡 1 PowerEdge R730/R730xd 主板 1 RAID 1适用于 H330/H730/H730P（2 HDDs 或 SSDs）	系统数据库

续

| 5 | 磁盘阵列 | MD3820 | 5 200GB 固态硬盘 SAS Mix Use MLC 12Gbps 2.5英寸热插拔硬盘
13 硬盘空位填充板2.5
6 300GB 15K RPM SAS 6Gbps 2.5英寸热插拔硬盘
2 控制器, 16G FC, 2U MD38xxF, 8G 缓存
1 LSI 12Gb SAS 9300–8e HBA, 双端口
2 2X SFP, FC16, 16GB
2 12Gb HD–Mini 至 HD–Mini SAS 线缆, 2M
4 Multi–Mode光纤通道 线缆 LC–LC 2 米 | 存储 |
| 6 | 服务器 | R320 | PowerEdge R320 主板, 非–TPM
1 四核英特尔® 至强®处理器 E5–2403 v2 1.80GHz, 10M 缓存, 6.4GT/s QPI, 无 Turbo, 4C, 80W, 最
大内存 1333MHz
1 机箱带最多 4, 3.5" 或 2.5" 热插拔硬盘
1 面板 – 4/8驱动程序机箱
1 1600 MHz RDIMMS
1 16GB RDIMM, 1600Mhz, 低电压, 双列, x4 带宽
1 VFlash, 8GB SD 卡适用于 iDRAC Enterprise, V2
1 iDRAC接口卡
2 500GB 7.2K RPM SATA 3.5英寸热插拔硬盘
1 PERC H310 集成RAID控制器, 迷你型
1 散热器,PowerEdge
1 8X DVD+/–RW一体化光驱
1 单有线电源, 350W
1 CS2.0 Tollfree 数字标签 适用于IT–ESG
1 SAS线缆,适用于3.5英寸热插拔机箱
1 适用于 UPS/PDU 连接的带IEC C13–C14插头的电源线
1 Broadcom 5720 DP 1GB网络接口卡
1 不含鼠标
1 3年"保留您的硬盘" 服务
1将电源管理配置文件设置为最高性能的选项。
1 不含机架导轨或者电缆管理臂
1 C6 – 无RAID, 适用于H310 1–4 SAS/SATA/SSD 硬盘 | 两台银行前置机
六台前置机 |

五、信息化系统的主机托管方案

实际操作中，主机一般采用托管的方式，其标准的解决方案如下：

大宗交易市场选择第三方服务器托管机房存在着很多问题，如维护比较繁琐、银行对接时间周期长、紧急问题不能第一时间进行处理等等。为解决交易市场的一系列问题，系统集成商提出了专业的服务器托管机房的方案，可以为大宗市场提供专业的机房托管服务，较大程度地解决了交易市场由于机房托管引起的各种问题如图5–3。

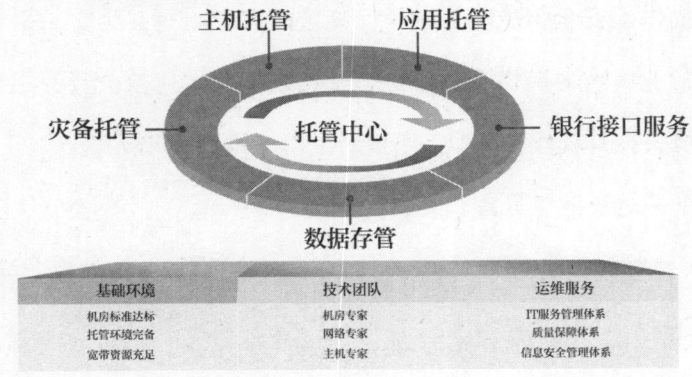

图5-3　托管中心业务体系架构

这个方案的机房网络，与中国电信、中国联通（原网通）等运营商实现光纤直联，动态路由技术较一般双IP双线技术的南北访问速度更快，判断准确率更高，并有光纤链路冗余备份，充分保障全国各地网络访问速度。同时，该方案十分方便与银行的对接，通过稳定的专线直联，方便及时地为大过市场提供银行及第三方金融机构对接服务，大大节省了交易市场银行对接的周期及各方成本。

一个好的信息化系统，应该是企业与企业间（B2B）电子商务的总体解决方案，是集管理制度、交易规则、计算机软硬件系统为一体的电子商务平台。利用Internet快速便利的通信手段，在跨时间、空间的范围内实现了商流、物流、资金流、信息流的整合和资源的有效调配。

信息化系统应该为各行各业产业链上下游企业和广大投资者提供了安全、多样的贸易方式和投资渠道，为交易参与者创造了更多的交易机会，构建了更低成本的购销渠道，保证了交易的公平和严肃性；为交易组织者提供了安全、稳定、科学、高效的管理工具，为交易平台打造和巩固其行业影响力提供了利器；信息化系统在优化社会资源配置、改善产业环境、提升现代服务业、节能环保等方面有突出表现。

这个系统还应该具备以下要素：

（1）高度符合国家政策，并能根据当前行业政策变化进行迅速调整和适应。

（2）有一套先进的交易模式，能够追随大宗商品电子交易市场行业趋势和发展方向，结合各个行业传统贸易习惯，打破现实贸易发展的障碍，并能够自我和优化完善。这套模式以现货订单交易、电子招标拍卖交易、投资品交易、回购交易等为主，以订单交易、现货挂牌交易，专场交易为补充的多种交易模式。

（3）易于规模化拓展的管理功能，打造帮助交易平台边际效应递增规律的工具。尽可能帮交易平台实现不进行管理团队拓展的同时实现业务的规模化拓展。

（4）有灵活多样的配套软件，根据各交易平台运营模式、交易组织方式、团队、合作伙伴以及资源差异，提供不同管理深度的配套服务功能。在授权服务机构管理、仓库和仓单管理、资金结算和监管等配套服务方面，可根据交易平台与合作伙伴的合作深度，提供不同层级的产品功能。

（5）要注重项目的差异化，避免严重同质的项目，能加快交易平台建设步伐、节省成本，保证交易的安全可靠，有效组织和管理交易平台资源。

INVESTMENT

COMMODITY
TRADING

第六章

玩转交易

零起步学现货投资

首先，我们要选择一个合法的平台进行交易。

为了维护行业的健康发展和稳定增长，有关部门专门开放了平台鉴别系统，只有通过了鉴别的平台，才是合法合规的。

选择和鉴别平台，需要注意以下各点，如图6-1：

网站是否正规

非法投资平台主要用知名度高、客户信赖强的公司网站或仿冒权威正规平台网站，以混常投资者的视觉和判断。

资质是否合法

非法投资平台没有正规的批文就擅自经营打着非法交易所会员席号，骗取投资者信任和资金。

交易软件是否可靠

非法投资平台采用虚假报价，通过后台操作篡改行情，随意更改操盘点位，影响投资者收益。

出入金是否自由

非法投资平台入金容易出金难，常以各种理由不允许客户出金，或者修改客户操作账户导致无法取款。

资金是否安全

非法投资平台没有正规银行资金专户，没有以公司名义开设专用账户，资金安全没有保障。

客户是否自主操作

非法投资平台不经客户允许，经常代客操盘，滥用、骗取客户账户密码进行刷单，导致客户亏损累累。

鉴别投资平台真假

图6-1 交易场所鉴定的主要指标

然后，你还需要了解平台有没有银行的第三方资金托管。

银商转账是一种微型自助银行服务产品，通过电子渠道，实现大宗商品交易市场交易保证金、货款结算账户与其在市场开立的个人、机构投资者银行结算账户之间资金划转的金融服务。

银商转账业务是指银行与大宗商品交易市场的系统对接，建立交易商银行结算账户与其市场资金账户的对应关系后，交易商选择通过银行网上银行发出资金划转指令，实现资金在交易商银行结算账户和市场资金账户之间实时划转等功能的一种金融服务，其主要特点如下：

第一，出入金快：资金转账业务只需要几秒钟就可以操作完成。银行转市场（入金），市场转银行（出金），均能快速完成。

第二，资金安全：由于银行提供了监管服务，大大降低了保证金被挪用的风险。

第三，服务齐全：交易商可通过系统实时查询市场资金余额、银行余额。

银商转账系统在架构上完全可以和证券期货市场的银证转账、银期转账等业务媲美，基本功能也是类似的。根据协议规定，客户资金进出完全实行"双车道"制度，且银行数据中心随时都会对交易所出入金及资金状况进行本地和异地数据的双重备份，每一分钱的变动都会被实时发现。利用银商转账系统，交易商只需在交易所申请交易账号，资金的监管协议可以在网上签署，协议上明确标的只有银行和交易商双方，交易商再也不用为进入市场交易而担心资金安全问题了。这个系统完全满足了监管层对保障资金安全的要求，实行保证金第三方存管和银行监管，从根本上杜绝了资金被挪用、侵占。

这里要注意，有些平台号称是银商支付通道，和国际接轨的，其实不是第三方资金托管。他们的业务人员往往会说资金为第三方托管绝对安全，实际情况是投资者的入金并没有第三方托管，而是直接以银证转账的名义打入了平台的账号，银行打印流水上面显示是银证转账，而非第三方托管。简单地讲，就是原来股民的资金都是存放在券商的大账户内，现在实行第三方托管，就是将自己的资金放在自己的账户内。

只有选择了合法的有正规银行第三托管的交易场所，投资者才能放心地开始现货交易之旅。

和传统的证券期货市场一样，要参与投资，必须从技术和基本面两方面打好基础。以下我们简要论述一下这个知识基础。

一、技术分析

1. 技术分析基础

技术分析法自19世纪在欧洲和美国产生以来，经过近两个世纪的不断完善和发展，本身逐渐形成一套成熟的体系，支撑这个体系的理论基础是如下三个前提条件：

（1）市场行为包容一切；

（2）价格以趋势方式演变；

（3）历史会重演。

先说市场行为包容一切。这是投机市场技术分析的基石，其主要逻辑是，任何可能影响市场价格的因素，都已反映在其价格之中

（price-in），而价格变化必定反映供求关系。所以，他们认为投资者只用研究价格变化就足够了，而不必研究造成价格变动的内在因素，更何况内在因素也无法全部弄清楚。技术分析者所使用的图表等工具之所以发生作用，是因为这些工具本身如实地描述了市场参与者的行为，已经把所有的因素都包含其中，所以投资者能够据此把握市场参与者对市场的反应，进而把握市场的未来趋势。

再说价格以趋势方式演变。趋势的概念是技术分析的核心，一般认为，市场确有趋势可循，市场的价格变化是有惯性的，只有当它走到趋势的尽头，它才会掉头转向。研究价格图表的主要作用，就是要辩识出趋势产生的早期形态，以便顺应趋势的发展，搭上赢利的班车。事实上，大多数技术分析理论在本质上就是顺应趋势，即以判定、追随市场的既成趋势为目的。

是历史会重演是一条重要假设，也可能来自统计规律。重演是指在满足相同的条件下，市场必然会出现相同的结果。在技术分析里面，这条假设是从投资者的心理角度来理解和分析的，即市场在满足了见底的相应条件以后就会见底，满足相应的见顶条件以后就会见顶，满足上涨的条件价格就会继续上涨，满足下跌的条件价格就会继续下跌。华尔街有句名言，说是打开未来之门的钥匙隐藏在历史里面，未来将是过去的翻版。历史会不断重演，深层次的原因是人类的投机心理在反复起作用。世界在变，环境也在变，但人类的心理却在周而复始的对市场产生影响，基本上不会有大的改变。所谓江山易改本性难移，这是导致历史不断的重演的根源之所在。

那么，什么是技术分析呢？

技术分析是借助统计学的研究方法，通过对以往行情的研究来预测未来走势。技术分析注重用图表和公式来捕获趋势，以识别入市机会，并据此设计交易计划。根据投资者选择的时间跨度，可以使用分钟级别、小时级别的分析，也可使用周级别或月级别的分析。

在投机市场里，宏观经济、国际国内政治、市场人士的心理预期等都会影响行情，学会通过技术手段分析行情波动的曲线，就可以做出对现阶段合理的预测。行情是按照一定的趋势和规律变化的，技术分析就是试图对历史数据进行统计分析后总结出一定规律，形成一套完整的理论和方法并运用于实际操作。

2. 技术分析常用术语

技术分析有以下常用术语：

（1）支撑和阻力：支撑和阻力水准是图表中经受持续向上或向下压力的点。支撑水准通常是所有图表模式（每小时、每周或者每年）中的最低点，而阻力水准是图表中的最高点（峰点）。在涨势市场中，被打破的阻力水准可能成为对向上趋势的支撑；然而在跌势市场中，一旦支撑水准被打破，它就会转变成阻力。

（2）线条和通道：趋势线在识别市场趋势方向方面是简单而实用的工具。向上直线由至少两个连继低点相连接而成。很自然，第二点必须高于第一点。直线的延伸帮助判断市场将沿以运动的路径。向上趋势是一种用于识别支持线/水准的具体方法。反言之，向下线条是通过连接两点或更多点绘成。通道被定义为与相应向下趋势线平行的向上趋势线。两条线可表示价格向上、向下或者水平的走廊。支持趋势线连接点的通道的常见属性应位于其反向线条的两连接点之间。

（3）平均线：移动平均线显示了在特定周期内某一特定时间的平均价格。它们被称作"移动"，因为它们依照同一时间度量，且反映了最新平均线。

（4）其他技术分析常用工具：相对强弱指数（RSI）、平滑异同移动平均线（MACD）、斐波纳契数列（Fibonacci numbers）、江恩数（Gann Numbers）、波浪（Waves）、缺口（Gaps）、趋势（Trends）

3. 技术分析的主要类型

（1）K线类：侧重若干天的K线组合情况，推测市场多空双方力量的对比，进而判断多空双方谁占优势，是暂时的还是决定性的。

（2）形态类：根据价格图表中过去一段时间走过的轨迹形态来预测价格未来趋势的方法。

（3）切线类：按一定方法和原则在由价格的数据所绘制的图表中画出一些直线，然后根据这些直线的情况推测价格的未来趋势，这些直线就叫切线。

（4）指标类：考虑市场行为的各个方面，建立一个数学模型，给出数学上的计算公式，得到一个体现股票市场的某个方面内在实质的数字，这个数字叫指标值。

（5）波浪类：将价格的上下变动看成是波浪的上下起伏。波浪的起伏遵循自然界的规律，价格的运动也就遵循波浪起伏的规律。

4. 技术分析的基本技巧

先要看看周线形态来分析后期趋势，如果周线从形态上，均线上，指标上都趋向一个趋势，说明价格肯定要按照这个确实去运行。周线分析完了之后，再看日线，综合以上数据来分析价格和时间。确定价格和时间后，按照分析结果来下单，并合理分配资金，控制风险，而且要标明白时效。

5. 技术分析的理论基础

（1）以美国技术分析宗师威廉姆·江恩研发的江恩理论，这属于研究K线（美国人应用更多的使用"美国线"）走势变化和"市场波动速率"的原教旨技术分析流派，是主流的分析师应用流派。江恩理论的实战应用细分流派众多，使用的画线工具也是纷繁复杂，上手并不容易，投资者要想达到融会贯通，至少需要三到五年的实盘分析、操作经验，才能摸索出江恩理论的奥妙，并且在金融市场中应用自如。

（2）发源自欧美，由台湾传入中国大陆的以KDJ、MACD、均线、布林线等指标为体系的，基本指标和变异指标分析方法，基本指标通常是计算机软件系统自带的原始指标系统，变异指标分两大类，一种是调整基本指标参数，从而更精确或者更提前测算市场的变化，另一种是改变指标公式，即创造新的类似的更好用的指标，我国的金融软件公司就是以这类改变指标公式的方式创造新的指标。通过指标研判市场趋势的优势是上手快，趋势在合理范围波动时可以比较精准地研判后市变化，劣势就是指标有盲点，即市场出现异动时往往难以实现精准、快速研判，另外单一指标是难以应对市场变化的，指标需要配合使用、长期使用，才能觉得好用。

（3）是应用统计的方式，把历史图形中的高、低点，上升、下跌、震荡趋势中的量能、换手率等细微数字进行统计，发掘指数或某个投资标的的触底或见顶时的规律，从而摸索出判断市场趋势的法门。

6. 技术分析的常用方法

（1）周期分析。价格变化的第一规律就是周期循环规律，价格的涨跌循环尤如人的生老病死，有了周期才有了趋势。周期分析是时间与价格（空间）有机结合的直观体现，主要包括"底循环与顶循环"两个方面。价格最根本的周期，是底循环周期，每个品种都有自己特定的涨跌循环周期，找出循环周期是从宏观上把握一个品种走势规律的重要一步。

（2）趋势分析。趋势就是潮流，就是一段时期内价格运行的方向，有上涨趋势和下跌趋势两种。其中，上涨趋势是由不断抬高的波峰，和不断抬高的波谷组成；下跌趋势是由不断降低的波峰，和不断降低的波谷组成。一个价格趋势由多个价格波段组成。

趋势有三个要素，就是方向、速率和节奏。

（3）时间因素分析。时间要素就是行情是时间与空间的统一，主要包括时间跨度和时间周期。时间跨度就是上涨时间与下跌时间对比，盘整时间与趋势时间对比。时间周期就是顶循环与底循环周期，还有趋势与盘整周期。

（4）量价关系分析。量价关系分析有以下原则：价升量增，健康的上涨后市看涨；价跌量缩，健康的下跌，后市看跌；价升量减，行情末期，有望转势；价跌量增，新资金介入，有望转势。

（5）预测及决策依据功能。技术分析理论相对与其他的投资理论最大优势在于技术工具能够为投资者提供精确的买卖决策依据，主要有①价格依据：价格趋势、价格形态、支撑阻力；②量能依据：成交量、持仓量；③时间依据：时间跨度、时间周期；④派生指标依据：趋势指标、摆动指标。

7. 为什么要研究技术分析

（1）分析师的软肋：分析结果与交易实践需要脱节，会说的不会做，会做的不会说。

（2）企业进行期货交易的软肋：决策周期长，交易策略调整不灵活，根源是现货交易调头难。

（3）技术分析最大的特点是实用性强贴近交易实践，最重要的作用是提供交易依据（交易系统）、应对市场变化（交易策略）。

（4）基本面分析离不开技术原理，任何基本面因素研究都要找出该因素变化"趋势"才能对交易有所帮助。重大投资机会通常是由基本面数据的严重背离引发的。

在实际操作上，使用技术分析要注意应变。常见的应变法则有以下几条：

（1）均线从下降转平或上升，价格向上突破均线，为买入信号。

（2）价格跌破均线又立刻回升到均线上持续上升，为买入信号。

（3）价格由均线上方回落至均线附近止跌向上，为买入信号。

（4）价格跌破均线后急剧暴跌，远离均线价格拐头，为买入信号。

（5）均线从上升转平或下行，价格跌破均线，为卖出信号。

（6）价格上破均线又立刻回落至均线下持续下行，为卖出信号。

（7）价格由均线下方回升至均线附近止涨回落，为卖出信号。

（8）价格上破均价后急剧暴涨，远离均线价格拐头，为卖出信号。

技术分析在现货投资中有着广泛的应用，投资者要注重要操作中摸索适应于自己风格的分析工具。

二、基本面方面的知识基础

大宗商品基本分析法是根据商品的产量、消费量和库存量，即通过分析商品的供求状况及其影响因素，来解释和预测价格变化趋势的方法。基本面分析主要分析的是大宗市场的中长期价格走势，即所谓大势，并以此为依据中长期持有商品，不太注意日常价格的反复波动而频繁地改变持仓方向。因为从长期看，商品的价格最终反映的必然是供求双方力量均衡点的价格。所以，商品供求状况对商品期货价格具有重要的影响。基本因素分析法主要分析的就是供求关系。商品供求状况的变化与价格的变动是互相影响、互相制约的。商品价格与供给成反比，供给增加，价格下降；供给减少，价格上升。商品价格与需求成正比，需求增加，价格上升；需求减少，价格下降。在其他因素不变的条件下，供给和需求的任何变化，都可能影响商品价格变化，一方面，商品价格的变化受供给和需求变动的影响；另一方面，商品价格的变化又反过来对供给和需求产生影响：价格上升，供给增加，需求减少；价格下降，供给减少，需求增加。这种供求与价格互相影响、互为因果的关系，使商品供求分析更加复杂化，即不仅要考虑供求变动对价格的影响，还要考虑价格变化对供求的反作用。在现实市场中，期货价格不仅受商品供求状况的影响，而且还受其他许多非供求因素的影响。这些非供求因素包括：金融货币因素、政治因素、政策因素、投机因素、心理预期等。因此，价格走势基本因素分析需要综合地考虑这些因素的影响。

1. 商品供给分析

供给是指在一定时间、一定地点和某一价格水平下，生产者或卖者愿意并可能提供的某种商品或劳务的数量。决定一种商品供给的主要因素有：该商品的价格、生产技术水平、其他商品的价格水平、生产成本、市场预期等。

2. 商品需求分析

商品市场的需求量是指在一定时间、一定地点和某一价格水平下，消费者对某一商品所愿意并有能力购买数量。决定一种商品需求的主要因素有：该商品的价格、消费者的收入、消费者的偏好、相关商品价格的变化、消费者预期的影响等。

3. 经济波动周期

商品市场波动通常与经济波动周期紧密相关。商品价格也不例外。由于大宗市场是与国际市场紧密相联的开放市场，因此，市场价格波动不仅受国内经济波动周期的影响，而且还受世界经济的景气状况影响。经济周期一般由复苏、繁荣、衰退和萧条四个阶段构成。复苏阶段开始时是前一周期的最低点，产出和价格均处于最低水平。随着经济的复苏，生产的恢复和需求的增长，价格也开始逐步回升。繁荣阶段是经济周期的高峰阶段，由于投资需求和消费需求的不断扩张超过了产出的增长，刺激价格迅速上涨到较高水平。衰退阶段出现在经济周期高峰过去后，经济开始滑坡，由于需求的萎缩，供给大大超过需求，价格迅速下跌。萧条阶段是经济周期的谷底，供给和需求均处于较低水平，价格停止下跌，处于低水平上。在整个经济周期演化过程中，价格波动略滞后于经济波动。这些是经济周期四个阶段的一般特征。经济周期阶段可由一些主要经济指标值的高低来判断，如 GDP 增长率，失业率、价格指数、汇率等。这些都是投资者应该密切注意的。

4. 金融货币因素

商品交易与金融货币市场有着紧密的联系。利率的高低、汇率的变动都直接影响商品期货价格变动。

5. 政治、政策因素

大宗商品市场价格对国际国内政治气候、相关政策的变化十分敏感。政治因素主要指国际国内政治局势、国际性政治事件的爆发及由此引起的国际关系格局的变化、各种国际性经贸组织的建立及有关商品协议的达成、政府对经济干预所采取的各种政策和措施等。这些因素将会引起市场价格的波动。在国际上，某种上市品种价格往往受到其相关的国家政策影响，这些政策包括：农业政策、贸易政策、食品政策、储备政策等，其中也包括国际经贸组织及其协定。在分析政治因素对期货价格影响时，应注意不同的商品所受影响程度是不同的。如国际局势紧张时，对战略性物资价格的影响就比对其他商品的影响大。

6.自然因素

自然条件主要是气候条件、地理变化和自然灾害等。平台上市的粮食、金属、能源等商品，其生产和消费与自然条件因素密切相关。有时因为自然因素的变化，会对运输和仓储造成影响，从而也间接影响生产和消费。例如，当自然条件不利时，农作物的产量就会受到影响，从而使供给趋紧，刺激价格上涨；反之，如气候适宜，又会使农作物增产，增加市场供给，促使价格下跌。因此，投资必须密切关注自然因素，提高对价格预测的准确性。

7. 投机和心理因素

在大宗市场中有大量的投机者，他们参与交易的目的就是利用价格上下波动来获利，他们制造了流动性，是市场的润滑剂。当价格看涨时，投机者会迅速买进商品，以期价格上升时抛出获利，而大量投机性的抢购，又会促进价格的进一步上升；反之，当价格看跌时，投机者会迅速卖空，当价格下降时再补进平仓获利，而大量投机性的抛售，又会促使价格进一步下跌。与投机因素相关的是心理因素，即投机者对市场的信心。当人们对市场信心十足时，即使没有什么利好消息，价格也可能上涨；反之，当人们对市场推动信心时，即使没有什么利空因素，价格也会下跌。

三、基本面分析和技术面分析

1. 基本面分析和技术面分析优缺点（如图6-4）

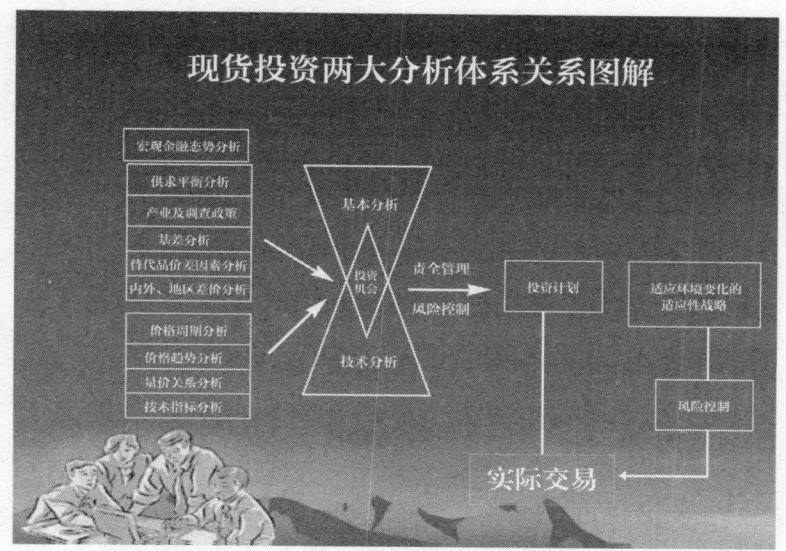

图6-4　基本面分析和技术面分析关系

（1）基本面分析。这种分析方法根据经济学、金融学、投资学等基本原理，对影响商品供求关系的的基本要素，如宏观经济形势和政策、品种供应和需求特性、行业和产业链状况以及相关市场因素等进行分析，从"供求关系决定价格"这一基本原则出发，结合实体市场现货价格水平和其他相关品种的比价关系，评估当前价格合理性，并提出相应投资建议的一种方法。这里边隐含了一个前提，就是当前的市场定价不一定合理。

基本面分析的优点明显，因为突发事件毕竟是小概率事件，黑天鹅事件毕竟基本不会发生，如果发生了就启动危机处理机制，何况，黑天鹅事件也可能有利于自己的持仓。在正常情况下，基本面分析着眼于行情大势，不被日常的小波动所迷惑，具有结论明确、可靠性较高和指导性较强。基本面分析也有不少缺陷，例如，判断当前价格是否合理是极其艰难的。首先，基本面分析必须考虑供求关系中供给和需求两个方面受到的诸多影响因素，但是在现实中，认得知识有限、精力有限、信息渠道有限、很难面面俱到。其次，基本面分析要求拥有全面而准确的数据、及时和可靠的信息，但是，数据的统计和整理难免延时之后或者误差失真，直接影响基本面分析的时效性和正确性。再次，仅有数据还不够，还需要有科学的统计和处理方法。一段时间内，基本面数据和供求态势的结论是相对确定的，但是行情价格确是动态变化的，如何判断目前所处的阶段及对应的基本面状况，对于大部分投资者来说都是一道难题。

（2）技术面分析。这种分析方法仅从市场自身的公开信息，如价格、成交量及持仓量等数据和市场行为来分析价格并预测未来变化趋势的方法。其中的一个隐含前提就是，现在的定价是合理的，这与基本面分析的隐含前提恰恰相反。

技术面分析有不少优点，他主张利用公开的图表，不用去调研和收集资料。由于图表集中反映各种因素，对交易者来说，不仅非常直观，而且具有客观性，图标上的买入、卖出信号并不随人的主观意愿而改变。通过参考历史价格走势来判断当前行情，能够给投资者一定的前瞻性知道，使其能够顺应趋势操作。它的缺陷是不具备严格的科学特性，带有明显的经验型和一定的主观色彩；各种指标都是处理后的结果，处理后原始信息有所损失是必然的；滞后性效果使得技术指标发出信号时，已经去掉了一大段行情；有时会出现"技术陷阱"，这些陷阱还往往是主力有意为之，在一定程度上干扰了判断的准确度，可能使投资者判断失误；再之，技术分析的方法在不断变换，当大多数人都在使用同一方法时，这些方法的有效性也会大打折扣。

2. 技术分析和基本面之间的关系

其实，技术分析和基本面分析都是交易依据，不结合交易思想和资金管理的话，都是"术"。"术"之间争了长短也没意义。

技术给人以无穷的想象空间，单独的一根K线、一个形态、一根均线，技术派可以滔滔不绝地说上老半天，但放到大级别的图表中，就像是一滴水汇入了汪洋大海，特别的微不足道，特别的不值一提。

技术派其实是在交易不确定性的未来，而基本面派其实是在交易确定性的未来。当然，这里指的确定性也是相对的，或者说，只有优势的投资者才能看到这个相对确定的未来。技术分析的基础是"道氏理论"，核心是"跟随市场趋势"，无论是趋势交易、波段交易、短线交易、日内交易或是高频交易，都少不了趋势跟随这个核心。趋势跟随其实是立足于当下，和未来是没有直接关系的，如果一定要扯上关系，那就是预测未来。技术分析就是根据现在预测未来，所以，我们才能根据当下的趋势结构预测未来的趋势走向，我们根据这个预测来决定买卖方向。但是，如果预测发生错误则必须止损，趋势方向发生改变则反向操作。技术分析预测的未来永远是不确定的，也正是因为不确定，所以我们需要"止损"。

基本面研究员做的研究工作都差不多，基本面分析其实也是在预测，试图把握不确定性。在了解了基本面分析的逻辑思维体系和研究框架结构之后，可以认为，基本面研究和技术研究本质都是在预测，这两种研究方式对未来预测的准确率谁高谁低，是不会有定论的。在大宗市场上，为什么很多对商品十分了解的现货商也会看错方向，那是因为这样的基本面研究体系说到底也是预测未来，既然是预测，当然就有可能出错。

依据技术分析建立的交易系统，其核心不是预测的准确，而是处理的艺术，就是说方向做对了怎么办，方向错了怎么办。但是，在依据基本面建立的交易体系里面，方向预测就显得非常重要，他们因为掌握了充分多的现货信息，以为了然于胸，可能对市场的不利发展置若罔闻，所以基本面派的资金曲线会有很大的波动，预测对了会赚很多，错了也会亏很多。从这样的角度看，技术分析还是有些优势，虽会出错，但只要应对得当，就不会亏大钱。

所以，有人主张当基本面和技术面发生共振的时候再入场交易，因为这是确定性的机会。但事实上，技术派会根据某一个图形预测价格走势，但图形往往会失败的，如果恰在此时，基本面研究通过供需数据也预测出了一个不正确的方向，如果把这种"共振"作为依据依然交易，结果可想而知。所以，基本面和技术面共振这种说法，也不过是两边都想讨巧的好听说法而已。但是，如果能够判断价格在合约到期时的正确区间，就可以在市场价格超出区间时进场，这是在寻找市场的错误，所以要在市场自己纠正了错误后平仓离场。"市场犯错了，相信市场一定会纠正错误"。如果基本面研究仅仅是从供需关系角度去预测未来的方向，那么这个预测的结论是不能带给交易者绝对的信心的，只有从发现市场错误的角度去研究基本面，那么结论就不是预测出来的，而是无比确定的。从这个根本意义上来说，任何品种的最终赢家都应该是能够比较充分掌握某一品种供求信息，同时了解宏观经济对该品种会产生的影响，能够比市场绝大多数参与者更早更准确地预测该品种在未来价格区间的人。这是大宗市场投资的终极比拼。

《孙子兵法》云，"昔之善战者，先为不可胜，以待敌之可胜，不可胜在己，可胜在敌，故曰，胜可知而不可为。"市场就是战场，如何让自己立于不败之地，如何在不确定性中寻找确定性，这是更高层面的比拼。

基本面和技术面哪个更好的问题，是没有标准答案的。趋势投资者和短线投资者也会有不同的看法，这肯定不能是一概而论的。

基本面分析是用来预测行情的大趋势，波段趋势。这对于投资方向来说是很重要的，我们通常所说的顺势而为就是这个意思，你只有先判断对大的方向，赚钱的机会才能保证胜率更多。判断好方向之后，至于精确的买进卖出价格，那还必须要靠技术面分析了。投资操作中，选择一个好的进场位置，是整个交易中关键的一步，一段上升行情，是应该逢低做多，还是要突破跟进，都要观察盘面信息，看价格跟成交量，持仓量的配合情况。选择好了一个安全的开仓价格，即使行情有不利于自己的小幅波动，也不会影响继续持有的信心。然而如果是不管技术面，随便找个价格就进去，又不知道止损，这样的投资是盲目的。

所以，仅靠基本面分析是做不好投资的，仅靠技术面，也是非常辛苦赚点小钱。既然基本面和技术面都是投资市场关键的分析技术，投资者应该学会融会贯通，用正确的套路投资，让利润奔跑，让风险可防，可控，可预测，可承受，这样才能让投资简单快乐。

INVESTMENT

COMMODITY
TRADING

第七章

进阶之路

你必须知道的投资进阶要领

进阶之路的初期是技术的熟练，然后是理念的提升。投资理论纷繁复杂而且层出不穷，要从中真正找到赢利之道，不但需要领悟能力，更需要时间的付出。初期不要带着成见学习，要认真吸收每一个成功者的经验，从中寻找适合自己的。在这个过程中慢慢就会发现，一条投资成功之路会初步成型。在学习的基础上，逐步摸索自己的交易体系，并认真实践和修正，才是投资正途。

要想真正进阶，就要平稳自己的交易心态。任何投资理论，最终都要走向实践，在实践中才会发现哪种理论最适合自己。不但对市场的各种表象，要有深刻认识，更要对自我有深刻认识。古往今来，真正能够立言立功之人都是心态极好之人，这需要在生活中磨炼，然后凝聚成智慧。当心态真正到位的时候，自然而然地就会明白投资到底是怎么回事。投资者进阶之路是没有尽头的，就像人生，需要不断地超越自己。

以下我们介绍一下投资进阶的基本原则，其中有技术的，也有理念的，真正掌握这些，还需要在实践中升华。

一、现货即期模式投机进阶的原则

（1）基本功必须扎实，要充分了解交易标的。为了做好投资，在入市以前应对该品种进行仔细了解和研究，只有在对品种有足够的认识，才能做到有的放矢，了解的范围包括：交易品种；交易数量和单位；最小变动价位，报价须是最小变动价位的整倍数；每日价格最大波动限制，即涨跌停板；退市时间；仓单标准和等级。

这些要素看似简单，但交易者必须透彻了解，以免犯下低级错误。值得注意的是，不要同时进行多个品种的交易，即使经验丰富者也不要同时进行三种以上不同品种的交易，因为人的精力是有限的。

（2）确定可承受的亏损限度。做现货投资，必须知道市场有风险，所以要事先确定最大的可承受的损失数量，才不致于出现过多的亏损。在现实中很多人不能控制自己，使得亏损不断增加，其原因并不在于现货交易的具体风险，而是在于没有明确的计划控制风险。没有计划，就没有做出决定的依据，在必须做出决定的时候，就可能会手忙脚乱，这样是无法长期在现货市场上生存的。一般情况下，个人倾向是决定可接受的最大亏损限度的重要因素。在每天开盘前，应该制定交易计划和策略，计划的基本原则是获利的可能性应大于亏损的可能性，也就是要有高"值博率"。值博率理论其实是准备输多少换来赢多少的理论，一般来说，起码达到1:4以上，才是好的值博率，这时才值得一博。既然从事投机交易就有亏损的可能，那么，交易者应该事先做好交易亏损的心理准备，这样才能临场不乱。

（3）做好资金管理。首先是不要习惯于重仓交易，一般情况下用半仓即可。然后是严格止盈和止损，因为即便是最有经验的老手，也不能保证每一次交易都成功，投资大宗市场是靠总赢利大于总亏损来取得成功的，而不是寄希望于百分之百的成功率。由于大宗商品现货的特点，如果有一次大错，再加上没有明确的止损原则，就可能亏损掉所有资金。因此，资金管理在现货市场上就成为首要的操作原则。有些市场实行保证金交易制度、当日无负债结算制度，当出现亏损时必须及时追加保证金，而不能像炒股票那样捂着等解套，投资者也无法长期持有单子，更何况，谁也不知道未来行情的真实走向。因此，止损位和止盈位都要事先确定。比事先确定更重要的是，一旦亏损达到事先确定数额时，就要毫不犹豫地止损，无论执行后行情是继续恶化还是好转，因为你永远无法知道后市会怎么样，保证活着才是最重要的。适时止盈也很重要，建仓后要密切注视市场行情的变动，在随时注意控制风险的同时也要注意及时止盈。与止损不同的是，在行情变动对自己有利时，不要急于平仓获利，一般可以选择在市场出现转势之后再平仓出局。

通常来说，在现货市场投机赢利的基本方法有如下几种：买低卖高或卖高买低；金字塔式买入卖出；跨期套利；跨商品套利；跨市套利。

其中，第一种方法是最基本的投机方法，也是投机的基本原则，但是知易行难，因为什么是高，什么是低，是个相对概念，需要动态把握。以下我们择要分析一下这些方法。

（1）选择入市时机。一般应采取基本分析法，仔细研究市场是处于牛市还是熊市。如果是牛市，要分析动能的大小和持续时间的长短；如果是熊市，要分析势能的大小和持续时间的长短。在具体选择点位时，技术分析法是一个比较合适的分析工具。

市场行情千变万化，把握适当的入市时机尤其重要。即使事先分析对了，如果入市时机选的不好，同样会出现不好的结果。建仓时应该注意，只有在趋势已经明确上涨时才买入，在市场趋势已经明确下跌时才卖出。如果趋势不明朗，或不能判定市场发展趋势就不要匆忙操作。

（2）金字塔式增仓。如果建仓后市场行情与预料相同并已经使投机者获利，可以增加持仓。增仓应遵循以下两个原则：只有在现有持仓已经盈利的情况下，才能增仓；增仓的数量应该越来越少，像金字塔一样。

（3）跨商品套利。一般来说，进行跨商品套利交易时所选择的两种商品应该是相关的，是具有某种替代性或受同一供求因素制约的商品。跨商品套利指利用两种具有高度替代性或受相同供求因素影响的商品存在的价差进行交易。跨商品套利必须具备以下条件：两种商品之间应具有关联性与相互替代性、交易受同一因素制约。比如如果大豆的价格太高，玉米可以成为它的替代品。这样，两者价格变动趋于一致。另一常用的商品间套利是原材料商品与制成品之间的跨商品套利，如大豆及其两种产品，就是豆粕和豆油的套利交易。

（4）跨市套利。跨市套利是在不同交易平台之间的套利交易行为。当同一商品在两个或更多的交易平台进行交易时，由于区域间的地理差别，各平台商品间存在一定的价差关系。例如，西京交易中心的蓝宝石与渝川交易中心的蓝宝石虽然交易标的相似，但两个市场间经常会出现价差超出正常范围的情况，这就为交易者的跨市套利提供了机会。例如，当天元价格低于渝川时，交易者可以在买入天元蓝宝石的同时，卖出渝川蓝宝石，待两个市场价格关系恢复正常时再将买卖合约对冲平仓并从中获利，反之亦然。在做跨市套利时应注意影响各市场价格差的各个因素，以免出现误判。

二、现货发售模式投资进阶原理

发售模式引发了投资市场的新风潮，所以跟风者众。散户如何才能在这个模式下实现赢利呢？首先，最靠谱的方法就是申购打新，每个新上市的藏品都有线下发行，投资者可以通过客户端进行申购，获得原始票。申购藏品占总藏品的比例各平台不一样，一般以30%较为常见，如果用于申购的藏品少，主力就是高控盘。

按多数平台的交易规则，上市第一天的涨幅是30%，之后每天涨幅限制是10%。新品上市一般会有几十个涨停板，所以收益非常可观。申购新品时，会员在申购时间内缴足申购款，进行申购委托，申购委托提交后，申购资金将被冻结。第二日抽签，平台根据抽签规则进行抽签。第三日公布中签结果，对未中签部分的申购款予以解冻。然后即可上市交易，由投资者自主决定买卖或者继续持有。

关于涨停板个数与倍数的关系，我们有以下计算方法：

因为每天的涨停板都是以前一交易日收盘价为基准计算的，即假设前日收盘于A元，连续N个涨停板后：

$$价格 = \{[A \times （1+10\%）] \times （1+10\%）\} \times ... （1+10\%）$$

$$= A \times （1+10\%）^N$$

这就是涨停板个数与倍数的关系计算公式。如果是5个板，那么N=5，代入上式后得：

$$价格 = A \times （1+10\%）^5 = A \times 1.61$$

也就是说，股价上涨了61%。

将涨停板个数（N）代入以上公式，可以得出表7-1：

表7-1　涨停板个数与倍数的对应关系

涨停板个数	倍数	涨停板个数	倍数
1	1.1	16	4.594972986
2	1.21	17	5.054470285
3	1.331	18	5.559917313
4	1.4641	19	6.115909045
5	1.61051	20	6.727499949
6	1.771561	21	7.400249944
7	1.9487171	22	8.140274939
8	2.14358881	23	8.954302433
9	2.357947691	24	9.849732676
10	2.59374246	25	10.83470594
11	2.853116706	26	11.91817654
12	3.138428377	27	13.10999419
13	3.452271214	28	14.42099361
14	3.797498336	29	15.86309297
15	4.177248169	30	17.44940227

从7-1表可以看出，第7、8个板大致相当于2倍，第12个板大致相当于3倍，第15个板大致相当于4倍，第17个板大致相当于5倍，第19个板大致相当于6倍，第22个板大致相当于8倍，第24个板大致相当于10倍，第27个板大致相当于13倍。

另外，表7-1没有列举到的还有：第31个板大致相当于19倍，第33个板大致相当于23倍，第35个板大致相当于28倍，第36个板大致相当于31倍。

要想在市场里进阶，我们一定要熟悉如下技巧，并在实践中融入自己的风格：

（1）在开盘最初的若干个交易日内，要天天在涨停板上挂买单，因为交易机制决定的新品上市一定有若干个涨停，抢到就等于赚到。至于可以涨多少个板，得具体问题具体分析，要分析新品发行溢价的倍数，公开发售的比例，锁仓的比例和解锁的条件等，另外，还要详细了解批发市场的价格情况。

（2）要善于等待，在形成趋势后再进行买卖操作，如果行情在一段时间内波动的幅度太小无明显趋势，最好按兵不动。

（3）密切注意再托管的动向。有时候，平台会增加新的藏品供应，这叫再托管，依顺序可称为二次托管，三次托管，等等。再托管一般对市场有压力，一定要随时注意其动向，于再托管前空仓观望。

（4）在持续回调阶段，如果出现突然破位向下的情况，可能就是下探的尾声了。这时投资者要耐心等待反转，因为这是大概率事件。

（5）要沉着冷静，不要有赌博心理。投资有风险，要在一个风险市场赚大钱，就要有足够冷静的头脑和清晰的思维。相反，一旦有了赌博心理，一不小心就会追涨杀跌，很容易造成亏损。

（6）要谨记价值投资四个字。在投资领域，只有价值投资才有强大的生命力，才是终极的制胜法宝，这也是巴菲特长盛不衰的根本原因。

（7）如果感觉行情的发展不对头，最好出局观望。做投资这行当，有时候还真需要那么一点点感觉，如果感觉不对就不能勉强入市，以免心情忐忑而造成动作变形，不如把这段时间留给自己认真分析总结行情，待理清思路后，再入市不迟。

投资市场是千变万化，行情基本上是无法预测的，但只要不是疯子或外星人做出来的行情，就一定会有自己的规律，这个规律没有定式，只有靠自己认真实践和领会了。投资不是赌博，不能盲目入市，要认真学习并积累投资技巧，让自己每天都在成长，这才是进阶的不二法门。

三、引入国际市场行情模式的投资进阶原理

引入国外行情的平台，国内一般称之为OTC，但这个OTC和国际市场里说的OTC不尽相同，我们在前文已有论述。

引入国外行情模式，最常见的是外汇，以下我们就以外汇为例进行分析。

1. 买涨不买跌

在股票投资上，这是个说烂了的概念，但并不是每个人都能领会并执行。外汇买卖同股票买卖一样，宁买涨不买跌。这是因为价格一旦向上突破形成上升趋势，短时间内是不会改变的，下跌趋势出现时也是同样的道理。宁买涨不买跌，其中也是趋势跟随的一种手法。

2. 金字塔加码

不要一次性买入计划买入量的全部，金字塔加码的意思是，在第一次买入某种货币之后，该货币汇率上升，经过分析上升趋势已初步形成，就可以考虑增加筹码，加码应当遵循"每次加码的数量比上次少"的原则，这样逐次加码数会越来越少，就如金字塔一样。因为价格越高，接近上涨顶峰的可能性越大，风险指数也越大。

3. 在传言初期买入或卖出，在证实后卖出或买入

外汇市场与股票市场一样，经常流传一些消息甚至谣言，有些消息事后证明是真实的，有些消息事后证实只不过是谣传。即使消息是真实的，那些先知先觉的大机构也会抢先进场，所以一旦消息得到证实，他们就会率先获利回吐。所以，在听到好消息时立即买入，一旦消息得到证实，便立即卖出，反之亦然。

4. 不要在赔钱时加码

赔钱时加码是一种很坏的交易习惯。因为当外汇连续上涨一段时间后，交易者追高买进，这时行情常常会急转直下，头脑不清醒的人就会在相对低价位加码再买，企图拉低平均价。这种操作手法不值得推荐，

因为如果汇价已经上升了一段时间，你买的可能是一个顶，如果越跌越买，连续加码，但汇价总不回头，那可能就会万劫不复了。

5. 不要盲目追求整数点

整数点有时候很有魔力，例如有人会无端设计在100点的整数汇率时平仓，结果贻误了战机，少赚钱甚至亏损。更奇葩的是，有人会给自己定下一个盈利目标，比如要赚够500美元，心里时刻等待这一时刻的到来，而无视行情走势。有时价格已经接近目标，机会很好，只是还差几个点未到位，本来可以平仓了事，但是碍于原来的目标，在等待中错过了最好的价位，坐失良机。所以，平仓的点位应该是技术上的关键点，与是否整数无关。

6. 跳空缺口大都会回补

如果在上升趋势中，某一天的最低价高于前一日的最高价，或者，在下降趋势中某一天的最高价低于前一天最低价，在图上留下一段当日价格不能覆盖的空白，这就叫跳空缺口。向上跳空表明市场坚挺，而向下跳空则通常是市场疲软的标志。跳空缺口对未来趋势的影响很大，因此不要忽视，更何况，统计表明，这种跳空一般来说会在未来被补上的。

7. 行情突破时是建仓良机

行情出现了盘整，说明买卖双方势均力敌，暂时处于平衡状态。无论是上升过程还是下跌过程，一旦盘整结束行情破位，就是入市的大好时机，如果是长期盘整，获利的机会更大，正所谓横有多长，竖有多高。

说了这么多，到底外汇赢利最主要的因素是什么？是熟练的技术、灵通的消息还是良好的交易心态？其实这三种答案都是正确的。事实上，这三种因素都是至关紧要的，也囊括了投机赢利的全部手法，只要把其中一种驾轻就熟并严格执行交易计划，你都能够在外汇市场上获利。

在外汇市场上想通过炒消息挣钱，是不靠谱的，因为我们永远得不到一手消息。用技术的方式呢，需要长期的经验积累，还需要交上大量学费。至于说心态，我觉得只要能稳定盈利，估计谁的心态都不错，反之心态就无法好起来。只要有最基本的技术功力，并且严格按照交易原则去做交易，大家都可以做到稳定的盈利。所以，好的心态来源于正确的操作。其实大道至简，只要坚持九个字"严止损、小仓位、少操作"，心态就会越来越好。

每一位交易大师都是善于止损的。投机大师江恩在他的《华尔街45年》里给了投资交易者25条忠告，第一条就是："设定止损并且永不撤销！"止损的作用就是一个，控制风险。一旦方向做错，我们肯定不希望损失无限扩大，此时止损就能起到控制风险的作用。

轻仓操作是基本的原则。因为仓位小了，风险自然就小了，我们能承受的风险是有限的，而市场中的机会是无限的，我们是用有限去搏无限，所以在风险和收益之间，首先要控制风险，控制风险的前提是仓位要轻。

不要频繁操作是无数高手的忠告。外汇是T+0交易，而且可以双向做，这给了成熟的投资者更多的盈利机会，也给了赌徒们更多的赔钱可能。投资交易不是计件工资，努力下单不但不能挣更多的钱，而且还会增加手续费的负担。把时间用于盯盘、学习、总结，远远比一天做几十个回合更重要。尽可能地等待更好的机会，减少交易数量，提高交易质量，才能真正迎来稳定的盈利。要知道，并不是只有开仓平仓的操作才是交易，等待也是交易的一项内容。

守正待时，是成功的正道。

INVESTMENT

COMMODITY
TRADING

第八章

赢利之道

有道无术，术尚可求

一、什么样的人才能在市场里生存

若想成为成功的投资人，就应该一直努力，刻苦研究，严格执行，认真反思，以便更好地在现货市场中生存。但是，努力不是成功的全部。那到底什么样的人更容易成功呢？

首先是习惯性轻仓的人。和其他投资一样，现货投资从来都是风险与收益并存的，赚与赔都是一刹那的事情。如果投资者不善于轻仓，虽然有暴利的可能，但抵御风险的能力也就较低，临场时往往信心不足，往往导致赚一点就会跑掉，这样，多次盈利都会在一次亏损中损失殆尽。

然后是勤于学习、性格稳健的人。这样的投资者都有自己独特的操盘系统，也有每天的交易计划，他们不会因为市场的一点小波动而轻易改变计划，他们从来不会迷信别人。本来事实也就是这样，市场上哪有什么神仙，如果有的话，也只是些坚持不懈有恒心的执行者。

再者，就是不逆市、勇于向市场低头的人。行情的波动从来就不是我们所能控制的，如果触及了止损点位，或者是出现了根本性的逆转，就要果断地止损，勇敢向市场低头。换一个说法就是永远顺势而为，不以市场为敌，不做希望交易。永远不要有侥幸心理，要时刻记住，这可能导致你吃一次大亏。

投资标的很多，任何一个品种都有其优劣。在同一个市场里，有人会赚同时也有人会赔，但许多人都认为赚钱是个人能力，赔钱却是市场的原因。其实，任何市场都有其自身的规律，投资者只有充分明了这些规律，才不会动辄怨天尤人，而是应该从提高自身水平上下功夫。要提高自身水平，以下几点是最根本的。

1. 资金的来源要合理

进入现货市场，投入交易的资金应该属于正当合法来源的闲置资金，而且不要将全部资产一次性全投入，更不要使用借贷资金，否则，操盘的心态就会不稳，正常的水平就无法发挥出来。大家都知道打新可以赚钱，甚至可以翻几番，所以有些人就倾其所有，甚至借高利贷凑巨资参与打新，也常常会得手。但是，有时候会碰到开盘即下跌的情况，就会招致重大损失，更何况，如果遇到不规范的平台，出金出现问题导致资金被套，也算是市场外风险，会让人很崩溃。

2. 心态要平稳

上面说的资金的来源要合理，是保持心态平稳的基础条件。低风险低收益、高风险高收益，这是市场的铁律，投资者一定要学会根据自身条件寻找平衡点，不可意气用事。在操作中，要时刻保持良好的心态，不以赚为喜，也不以赔为怒，要承认市场永远都是对的，投资者只有顺应市场方能生存，单子顺市了就持有，逆势了要果断止损以除后患。另外，不要受别人的高收益保证、承诺等诱惑，因为这样的好事，往往是与陷阱为伴的，他们怎么会把这样的好机会拱手让给别人呢？

3. 先保证在市场里活着

交易是一场长跑，是一生的修行，不以一城一地的得失论英雄。每一个投资者都需要一个经验累积的过程，在这个过程中，首先要保证本金的安全，所以，不要有赌博心理。在交易时一定要先看风险再看利润，时刻敲响警钟并严格执行止损纪律，这样才有可能在市场上长期生存。曾国藩一生打仗只讲六个字，叫"结硬寨、打呆仗"，就是把军营扎得非常硬实，保证这个营盘不失，这也就是先保证在市场里活着；营盘不失才能谈得上打仗，打的时候要摆出一副坚若磐石的姿态，要有板有眼，这就是打呆仗。投资何尝不是如此呢？

4. 建立自己的交易系统

交易系统是自己买卖和持仓的行为指南。是否有一套适合自己、适应市场、适应品种的交易系统，是能否持续稳定盈利的关键。交易系统简单来说就是自己交易习惯的总成，是制定交易计划的基础，是交易纪律的框架。建立交易系统，首先要建立自己的品种池，动态管理、持续跟踪这些品种，待时机到来时方可入市，这个时机，要在预定的计划中，不可临时起意；再者，要顺势加仓或持仓、逆势减仓或空仓，绝对不用逆势而为，因为趋势一旦形成，是不会轻易逆转的。一个简单的方法是遵守生命线操作纪律，当价格运行在生命线上时做多，反之看空。

生命线主要指均线，一般短线操作是5日均线、中长线操作15日或者25日均线；还有，要重视仓位管理，要分批买入和卖出，要给自己留有余地。在操作中，当行情强势放量上涨时应重仓跟随操作，反之则需要减仓。依据这几点，即可建立自己的操作系统。光有系统还远远不够，平时操作时的严格执行才是最重要的，否则，再好的系统也只是一纸空文。需要注意的是，操作系统一定得是自己总结出来的，别人的系统再好也不一定适合你。系统一旦建立后不是一成不变的，应该结合自己的实际操作情况不断改进完善，这样才可以适应市场的发展，也可以不断地提高自己，确保持续稳定的赢利能力。

二、对赢利之道的深度思考

有道无术，术尚可求；有术无道，止于术。学习投资也是这个道理，光埋头研究技术还远远不够，还需要升华到道的层面，才能持续提高。要想升华，就必须加强学习。学习的主要目的不只是学一些赢利的手法，更需要学哲学层面的东西，学习的同时还要认真思考，才有可能升华到道的高度。

谈到道，我们往往会想到膜拜。中国人求神拜佛和西方人不同，我们要的是结果，例如升官发财生二胎三胎，但西方人要的是要素，也就是智慧和勇气，然后用这些要素自己去创造成功。在这件事情上，西方人的方式似乎更为"科学"，因为投资操盘，任何大师都不可能是你的菩萨或上帝，但学习他们，学习他们的定力、策略、灵动和纪律，就会得到力量和智慧，然后带着这些力量和智慧去接近市场，去感受市场的真谛，你就必有所悟，必有所得。

1. 为什么"掌握了许多真理，却依然过不好这一生"。

这句话来自一部电影，说的是理论和实践的关系。我们知道，有些最简单的事情往往最难做到，例如，正直、勤奋、善良就可以成功，但事实上呢？

我认识一个做原油现货交易的人，这个市场的交易成本本来就高，再加上个别不良平台的人为操纵，造成了绝大部分人亏损。但是这个人是持续赢利的，他的法则很简单：入金2万元，而且在任何情况下不追加资金，被强制平仓后就再重新来过，赚钱高于翻番时就获得平仓。他这手法看似笨拙，但却可以在如此险恶的市场环境下实现持续赢利。我有一个朋友写了一本书，里面提到一个简单的操作法则：守住一条30日均线即可，突破就买，跌破就卖，这个作者自己就是运用这个法则实现了长期赢利。我看了他的书后对他说：这么厚一本书里，就这条法则顶用，我对这条法则的理解是"三个不简单"：其一，真正理解这条法则不简单；其二，处理的技巧和定力不简单；其三，能持之以恒地坚守这条法则更不简单。

这三个"不简单"，你觉得简单吗？

2. "我本眼明，因师故瞎！"

拜师学艺，最方便的办法就是读书。现在市面上投资方面的书很多，但大多数都是垃圾。投资者的时间是有限的，所以不能乱读书，不要拜错菩萨读错书。基本面和技术面的理论都是汪洋大海，完全掌握这些知识，一是不容易，二是不一定有用。如果掌握了知识就能赢利的话，博士教授们一定都是亿万富豪了，但我们知道这不是事实。

所以，选择读什么样的书很重要。一般来说，可以把财经类读物分成三类：知识类、信仰类、传统文化类。如果有第四种的话，那就是垃圾类，千万不要去读，以免被误导，就像一位禅宗大师所说："我本眼明，因师故瞎"。必要的读物有以下几类：

知识类：市场基础、交易规则、基本面知识、K线形态、趋势判断指标（例如移动平均线MA）及震荡指标（例如随机指标KDJ）。

信仰类：江恩理论，道氏理论，波浪理论等。其中，道氏理论是必要的工具，其中不少原理已成为经典，被广泛用于投资圈的日常交流中，只不过一般人并没有察觉而已。

经验类：巴菲特、利弗莫尔等。

传统文化类：国学、哲学、军事类，这对交易理论的形成很有帮助。

选择必要的读物时，要注意回避垃圾类读物，就是各种必胜术、N倍赢利占法、战胜庄家、独创不败交易法，等等，这些书籍在市面上数量多得惊人，投资人见此必须绕道，以免因师故瞎。

《道德经》说，"为学日益，为道日损""大道至简，大音希声"。这里，"为道日损"就是要"简化，简化，再简化"，掌握的法则日日都要减损，损到最后剩下的就是浓缩的精华，这精华的具体内容是因人而异的，但必须是自己擅长的才有效。投资者必须用有限的时间干自己擅长干的事，专注到玩命地强化自己的强项，这才是取胜之道。学不会的东西不要去强求，要知道，即使修行修道，也要讲极大的机缘和福分。

3. 我怎样认识预测

所有的技术都是用来预测的，虽然有人说是为了解构、理解市场的。但解构、理解是为了干吗？当然是预测。谁都得预测，至少盘前得预测。虽然笔者认为行情是不能预测的，至少短线走势是随机行走的，但作为交易者，你又不能不去预测，这是矛盾的。怎样看待这个矛盾呢？多年前，笔者曾发表过一篇文章《谁能不预测行情》，被大量转发，现引用到这里，供大家参考。

预测是认识行情的一个重要手段，操盘手从青瓜蛋子到得道高手的进化过程一定得从分析预测开始，就像学武之人练习套路一样。这种练习到了一定程度就可以无招胜有招了，这种境界已然扬弃了所有方法，脱离了主观成见，可以做到浑然忘我，与市场融为一体，完全凭感觉操作。

分析预测就是认识了解市场，是"知"的层面，操盘则是"行"的过程，在实战中做到知行合一才是我们应该追求的。只有预测了种种的可能性，才可以开始有计划的操盘，如果市场验证你的预测有误，就可以根据计划控制风险。但在没有被市场验证以前，一定得保持清醒，一定得对自己的预测持怀疑态度，因为我们分析的结果只是可能性而已，市场才是唯一正确的。

关于行情是否可测，时下市场的主流话语认为这是一个低级问题。言外之意就是讨论不得，好像谁说这个谁就不够段位。其实市场中人，无论是操盘手还是研究员，基本上天天都在预测，但很幽默的是，他们中有许多人都在竭力否定预测，而这其中又有两种人，一种是知道自己不能预测的人，另一种是不知道自己在预测的人。不少人认为，预测与否不重要，不管是谁，不管拿着什么兵器，用蛮力也好，用技巧也行，甚至连掷硬币也未尝不可，只要资金曲线总体向上，你就是正确的。这不仅是期货版的"猫论"，更像拿破仑的经典论调，当被问及哪一种部队是最好的部队时，他回答说："能打胜仗的部队。"

其实，认为可测的和不可测的人中都有持续赢利的高手，即使在期货寿星的群落里，有关行情是否可测也各有说法。

行情是不可测的

目前"不可测派"风头最劲。华尔街有句名言（该类名言有一个特点，就是无法考证来源和真伪）："一个好的操盘手是一个没有观点的操盘手。"这句话从字面上来看，当然是说成功的操盘手是不做预判的，而是让实盘告诉你行情要怎么走，你的任务只是对走势做出合适的反应。这种说法出自操盘实践，是"控制风险能力第一，发现交易机会能力第二"的升级版。

大人物的言论就更有影响力了。巴菲特的恩师格林厄姆曾说过，在他投资股市五十年的历程中，如果说还有什么没有见过的，那就是从来没有见过有人能够每一次准确地预测大盘的走势！巴菲特也曾说：华尔街的基金经理们看对市场的概率并不比大猩猩抛硬币的概率高。这师徒二人的说法有点儿感性，较为理性的说法是，一切技术指标都不过是价格波动的记录，并不能对市场行情作出正确的预测。人们所作出的预测，其实只是依据某种理论或逻辑，然而逻辑并不等于实际行情。所以该理论派建议，要摒弃测市系统，利用市场本身的趋势，以绝对无知的立场置身市场，操盘时只是去努力顺从市场顺应大市。至于其他一切分析系统，由于它们在性质上都是武断的或者主观的，所以必须全部抛弃。有一次，美国期货交易几十年没有亏损的大师Ross来北京布道，与其沟通时他说了许多心得，我们曾将他的部分言论发到微博上，其中最被关注的就是这么一句话"Trade what you see, not you think!"意思是，在交易中要相信你见到的，而不要相信你想到的。他还更深沉地说，个人的看法一文不值，只有跟随市场才能成为赢家。

更有人从哲学高度上指出："倚重预测，在世界观上是神秘主义的宿命论，在方法论上是以偏概全的形而上学，在值博率上是把盈利建立在极小概率上，在人的本能上迎合了偷懒和自大的天性，所以，对于预测的粉饰渲染，需要有敬鬼神而远之的态度，慎之戒之！"

美国学者考尔斯曾经长期思考一个看似普通的问题：专家如果真能

成功测市，为什么自己不投资而去指导别人呢？为回答这个设问句，他对第二次世界大战时期某五年间知名研究和交易专家们给出的几千次预测结果加以汇总，发现专家们有80%的人长期看多，只有20%的人看空，而期间的实际行情是大跌了50%。所以，他得出结论：从统计规律上可以认为，专家测市不靠谱。此后，投资理论界又以更精密的数学方法对市场的可测性做了研究，结论也是大致类似。同样持不可测性观点的学者有凯恩斯、范玛、巴里亚、考尔思、获坚、杜尔等经济学家。

市场上有些行为艺术派人士甚至推荐掷硬币下单，他们援引的案例是美国某猛人每次都掷硬币决定交易方向，一年下来，不但没有亏损而且还有可观的收益。我们把这种异类叫作"硬币流"吧。"硬币流"其实也是有理论基础的，20世纪初，在对各主要市场变化过程的长期研究基础上，巴里亚提出行情是高度随机的，所以，基本分析和技术分析都是多余的，内幕消息更加荒诞，所以入市应该抽签，或者掷硬币决定。

"不可测派"对每一种测市工具都持否定态度：K线分析法对每一种走势，在不同专家的心目中都有不同的解释方法，面对一根阳线，专家们可以做出截然不同的两种解释，或曰庄家建仓或曰拉高派货。

艾略特自认为他的波浪理论属于大自然法则的一部分，但要命的是，他的两条基本数浪规则也语焉不详。从艾略特描述的方法来看，即使他本人亲自数浪，也常常迷失在浪花一朵朵间。江恩的理论更加荒唐，他相信市场逆转点是存在数学上的关系的，还声称自己对此有星象学和数学上的证明。但他所说的古老数学具体怎么应用没有人能弄明白，至于星象学，那是基于地球中心说的，就更是匪夷所思了。道氏理论只是从市场心理和交易量变化来推测市场，虽然该理论有其独到的建树，但其信号发出过多，又十分迟缓，让人无所适从。

技术指标也是不可靠的，这些指标的设计大多数都在使用移动平均线原理，用穿越和交叉来发出买卖信号。但这些信号都是在行情发生变化后才发出信号的，所以它反映的永远是过去，是十分钝化和滞后的信号。技术面分析者认为历史会重演，打开未来之门的钥匙隐藏在历史里，但这些并不能经得起统计学的检验。基本面分析也不可能预测市场，它只是客观地告诉你一些消息对市场可能产生的作用，但许多情况下，投资者可能在基本面里面连涨跌的原因都无法找到，何况你永远不可能掌握全面的基本面资料，而碎片化的资料有时候甚至对你的判断产生误导。价值投资对应到期货市场上，就是以对现货价格的推测为依据，相信期货价格会向现货价格收敛，所以要在适当的地方入市，并"永远持有"。但这个思路只能告诉你套利的空间有多大（而这个数据也不一定正确），却不能告诉你在哪里入市，因为一只意外的黑天鹅就可以让行情向着不利于你的方向单边发展。

有些人认为，行情是可测的。

说到可测，不少人会反对说：若有人能精确预测市场，市场将不复存在。这个说法貌似强大，但事实上他们手里举的却是绝对完美主义的大棒。没有人说过市场是绝对可测的，即使测市理论的翘楚道氏理论也承认，短期走势毫无道理可言，中长期走势才是可以确定的，是可测的。市场运动有随机性的一面，所以任何人都可能预测失误，但这并不构成反对预测的理由，绝对准确的东西是不存在的。用别人尤其是知名人士所犯过的错误来反对预测，不过是走到另外一个极端，这种极端的看法说起来振振有词，但却是没有领悟到认识市场的本质。

经济学家马可维茨、杜宾、夏普和罗斯主要从风险的角度研究了投资的方法，他们是持可测，至少是局部可测的观点的；同样，萨缪尔森、威廉士和米勒的研究结果也是这样的。这些先行者用大量方法，包括数学方法检测了市场波动的特点，确认了其随机与非随机的二重性。随机性就是指价格我行我素，与历史数据没有半点关系，此时预测不如掷硬币；但在非随机性价格运动时，我们就可以根据一定的方法预测走势，所以至少在非随机的阶段，市场是可测的。

在高度随机的价格波动中寻找到非随机部分，然后去预测它，这就是市场分析者的任务。假设价格波动完全随机，则硬币派将成主流，但大家知道事实不是这样的；行情的波动在某种程度上有非随机性，这正是测市方法存在的基础，如何寻找价格波动中的非随机部分，周期分析是最有效的，因为周期是由内在的条件决定的，它反映着某种客观规律，所以是相对可靠的方法。

其实，不论是否可测，谁能不预测行情。

巴菲特说过"如果有人告诉你行情要上涨，千万不要相信"。不过他虽然否定预测，但大家都知道他的选股之道本质上是对基本面数据剖析后做出的决策，这难道不是一种预测？他说的对股票"永远持有"，难道不是基于长期看多的预测？

所以我们在想，谁能不预测行情呢？

我们对成功的操盘手的跟踪研究发现，即使宣称从不预测的，其本质上也是要么是正在预测，要么是在验证预测结果的路上。这是许多人开始并没有意识到或不愿承认的。我们认为市场上所有的投资者都在预测，只不过预测的时间周期不同而已。有些操盘手只是不刻意去预测，他们是墙头草一样的短线客，但本质上，这些人当然不会无端下单，他们有自己的看法，都是些有思想的墙头草。声称不预测的人如果跟着多方走，就说明你认同多头，这不正是一种预测的结果吗？如果你又改成空头了，也正说明你预测空头要占上风，只是你的交易周期短，你不认为自己在预测而已。这些不知道自己在预测的人，都是有良好盘感的优秀操盘手，他们是得道高手，他们的"无形预测"非一日之功，初学者不可盲目仿效。

预测是认识行情的一个重要手段，操盘手从生瓜蛋子到得道高手的进化过程一定得从分析预测开始，就像学武之人练习套路一样。这种练习到了一定程度就可以无招胜有招了，这种境界已然扬弃了所有方法，脱离了主观成见，可以做到浑然忘我，与市场融为一体，完全凭感觉操作。"无招"是一种修练的结果，它源自于有招，和盲目下单有云泥之别。

华尔街说的"没有自己的观点"，并非是指完全随性而为。事实上，它一方面是说要尊重市场，市场现在是什么，我们就承认什么，不要逆市而为；另一方面就是如果我们的观点有误，就不要固执，而要勇于向市场低头。总体上来说，这句话的本意是要求我们的观点尽量符合实际走势，和绝对没有自己的观点的说法，内涵是不相同的。

掷硬币的做法看似随意，其实他们不可能是仅仅掷了硬币就马上入市。他们是一定要选好一个理想的入市点，还得有止赢止损点做保障，他们其实是用操盘的规则来实现交易的目的。操盘的规则比对行情的看法更重要，这基本上已成为共识，即使是江恩这样的技术专家，也还是认为规则优先于预测，但这并不说明预测就不重要。

对于预测，笔者有如下建议：

预测行情相当于预测命运，都不会是多么科学的。命运和行情一样，虽然有随机的成份，但大方向上还都是按照自然规律有目的地进行着。世界上的万事万物都得受宇宙规律的制约，人类的命运也是受这些规律掌握的。对命运是否可测这个问题，不同的人有不同的回答，有一些自以为掌握了成功学的愣头青会豪迈地喊"不信天不信命，命运掌握在我手中"，果然如此，岂不是可以为所欲为？可实际上一场意外就可以让你去见江恩、去见格林厄姆，又有几个人能真正掌握命运。即使命运天定，一个成熟智慧的人一定会对自己的前景有所展望，进而去适应和改善它。

分析预测就是认识了解市场，是"知"的层面，操盘则是"行"的过程，在实战中做到知行合一才是我们应该追求的。只有有了预测的种种可能，才可以开始有计划地操盘，如果市场验证你的预测有误，就可以根据计划控制风险。但在没有被市场验证以前，一定得保持清醒，一定得对自己的预测持怀疑态度，因为我们分析的结果只是可能性而已，市场才是唯一正确的。

期货投资中"知道"与"做到"当然存在着巨大的差距，但知道应该是贯穿整个过程的指导思想，而不是可有可无的，只不过得道高手一眼便可明了，不需要进行具体的预测步骤而已。学习这些高手，一定得从最基本的技术学起，而不是学人家挥洒自如的盘面感觉。

窃以为，认为市场不可测的人分两种：一种是无招胜有招的高手，另一种是懒惰的新人。您以为然否？

当然，你可以笼统地说，打开全世界各股指的年线图，它们的长期趋势一定是总体向上的。但是，我们大多数人都不是年线级别的投资者，就某一阶段而言，谁能判断行情未来是向上还是向下？因为太多的不确定性，所以市场上出现了形形色色的分析师、专家、预测大师等等，这些人一般是靠运气吃饭的，谁预测对了一次，就会被一些不明真相的人尊为股神。由于对确定性的追求，投资者在长期的实践中尝试了无数方法预测市场，例如政治、经济、社会、历史、数学、心理、人文、哲学、科学，等等，不少人用数学或统计的方法，对各种题材、概念、成交量、K线指标进行各种运算和分析，但真正长期有效的有几个？在这众多的影响因素当中，投资者如何把握各因素对行情影响的比例呢？市场中人总是恐惧和贪婪，原因就是因为无知，这也是投机市场里只有少数人赚钱的根本原因。

作为投资决策的必然支持因素，我们必须得预测行情，我们的策略是，短线预测靠盘感，中线波段预测靠修复和事件，长线趋势预测靠基本面。投资者在操作中一定要坚持这样的习惯：盘前预测，盘中执行，盘后总结。

4. 我怎样认识交易系统

投机市场运行了两百多年，几代人总结投机的成败得失后，一致认为成功的投资必须有一套自己的"交易系统"，这个交易系统就是现货投资的吸金大法。

市场上流行有许多自称神奇的交易系统，它们大部分是商业性的，表现形式或者是量化，或者是程序化，或者是某某必胜术，而这些系统都是基于统计学或图形识别的，有些甚至是基于某种神秘的学说，据说只要掌握了某套系统，谁都可以赚大钱。但笔者要说的是，这些东西都是市场上的奇葩，不是我们所说的交易系统或吸金大法。我们要讨论的是一套综合的体系，它首先是一整套限制下单权力的规则，同时又集成了投资理念、投资战略和风控方式，并且贴合使用者的习惯。按经典的定义，它是"以投资哲学为灵魂，以投资战略为指导，以交易规则为依据的"方法总成。

交易系统没有定式，是因人而异的，但其内核基本上包括以下几点：有效控制弱点，落实交易思路，强化风险控制，持续改进操作。具体地说，一个成熟的交易系统应包括以下四个模块：行情研判模块、交易策略模块、资金管理模块、危机管理模块。这四个模块是有机的整体，它们既相互制衡又互为基础。知易行难，很多事情我们看明白了但还是做不到，所以就要用规则来约束自己，使规则成为我们交易中的习惯和自觉。实践中，先不要考虑怎么赚钱，只要有效地控制好风险，利润自然就会到来，这是真的。交易系统只是交易员的工具，拥有一个好的交易系统只是成功的良好开端，但最终能否成功还必须依赖执行能力。

5. 我怎样认识开悟

成功的投资者需要较高的修为，这种修为的最高境界就是"开悟"。

开悟的是什么样子的呢？"就是忽然透彻地明瞭，见到大光明。如同一个苦行者穿越沙漠到达一片绿洲，过程艰辛但结果美好：长期不得其解的困惑一下子冰消雪融，以前苦苦思索的问题一下子都有对策了。"

真相有时就像一层窗户纸，一旦被捅破便可豁然开朗，那些使你迷惑经年的问题或许瞬间就不再是问题。一个人在投资的过程中，经过长期的体悟积累了一定的厚度，到了一个时间点时这层窗户纸就会忽然消失，你就会一下子明白交易本质上是怎么回事，持续赢利原来并没有什么神秘。其实，开悟是佛家的语言，形容人明心见性后的感觉，但那种感觉是不能言说，也无法言说的。操盘高手大都有类似的体会：交易决策的形成中，最核心的东西似乎只是某种自然而然的感觉，而这种感觉是不能用语言表达和描述的，因此把自己的致胜大法传授给别人基本上是不可能完成的任务。要想达到开悟的境界，你不但要常常去悟，而且还得有好的悟性，然后还得有那么一点点机缘。悟性就是对问题的理解和触类旁通的能力，说某人对投资的悟性很高，其实就是指该人对市场规律的认知、分析、判断和把握能力胜过常人，他能够明了市场运动的本质，领悟出市场的真谛，洞察市场的异动。

物理学的先知牛顿被苹果砸中后悟出了自由落体的真谛，这就是一次开悟。这看似偶发的事件实际上是他自幼喜欢学习和思考的结果，所以存在着高度的必然性。孔子说"七十而从心所欲，不逾矩"，是指自己到了七十岁的时候随心行事也可以不逾越规矩，这也是开悟。孔子如果是投资者，一定进入了最高境界：不知道存在交易系统这回事，却在操盘中处处表现出交易系统的内涵。不过，这是个积累和感悟的过程，所以，孔子到了古稀之年才达到这个境界，不要急于求成。

成功的操盘手有各种流派，表面上看来，有基本派，有技术派，也有感觉派，有相信市场可测的，也有不相信市场可测的，有习惯做左侧交易的，也有习惯做右侧交易的，这些看似思路对立的人群，本质上其实是互相渗透的、是相通的。孤阳不生，独阴不长，没有绝对的阴阳，没有绝对的对错，只不过是哪种理念或哪个方法在某个时间节点更有效罢了，而且，使用者自身是否强大，也是至关重要的。按佛家的说法，法门平等、殊途同归，各派并无高下之分。真正的操盘高手都是善于把握平衡的人，他们追求的至高境界就是动态平衡，这才是真正的道。

喜欢读武侠小说的人都知道，武功有四种境界：第一境界是无招无势，乱打一通；第二境界是有招无势，花拳绣腿；第三境界是有招有势，大侠级别；第四境界则重回无招无势，似乎忘记自己会武功，却已成为宗师级别的人物。这样的宗师，绝大部分都是推崇简单法则的：江恩虽然建立了复杂的测市系统，但在他最后的著作《在华尔街45年》一书中，真正推荐的只是其简洁的十多条操作规则；众所周知，巴菲特简化到放弃行情报价机，甚至宏观分析，甚至行业分析，而只关注企业的"内在价值"；索罗斯的"反射理论"，则不过是在对市场基本因素的透彻理解和对投机心理的高超把握上披上了一件艳丽的外衣，其精髓却是简单的；而任何知道彼得林奇常识投资法的人，都不会不惊叹于一代大师的简洁。

6. 我怎么认识犯错

投机交易是一种现实博弈，只要你能比别人少犯错误，同时犯错误时造成的损失越来越可控，你就更有可能成为成功者。

什么是理想博弈和现实博弈？举例来说，在象棋残局和五子棋中都存在很多定式，如单车难破士象全等，一旦走出这种定式则胜负已判，因为只要应对不出错，则胜负是必然的，也就是说在理想情况下，胜负是必然的。在高水平的比赛中，此时比赛往往会自动停止，因为落后的一方认为对方不可能应对出错，再走下去也还是输，因而会自动认输，如果是和棋的局面，双方都会认为对方已不可能再犯致命错误被自己抓住，再下下去已无意义，因而都同意和棋。

但低水平的比赛中则往往并非如此，常常是一个胜负已分的定式已经走出来了，但双方都没有能力看出来，而继续走下去，最后的胜负如何还不一定。即使是高水平的比赛有时也会出现类似的情况，比如在围棋中虽然没有残局定式，但当一方局面明显领先时，最后的结果也是基本确定的。但韩国棋手的作风非常"顽强"，他们往往在落后很大的情况下仍然寻求翻盘的机会，他们的对手必须小心翼翼，一不留神就可能被他们翻盘成功，反胜为败。在这里，主动的认输是把比赛看成理想博弈，坚持到最后、等待对手犯错误则是现实博弈的思路。

在现货投资操作中，每一个投资者都有过多次下决心规避重犯错误的经历，有些人甚至把总结出来的若干条戒律写在手背上，每次下单时都会看到。但一旦进入交易状态往往会故态复萌，慢慢地，不少人会产生强烈的自责感，甚至认定自己不可救药。随着时间的累积，翻开过往的交易日记，人人都会发现自己罪错累累，其中，会有少数人能够透过这些前科，发现自己犯错的概率在慢慢降低，犯错的"收获"也在慢慢增多，只有这些人才会真正明白：人的开悟，需要缜密的思考，需要严苛的约束，需要内心的强大，更需要犯错的成本。

要想在投机市场里生存，你就得去行非常之事，坚持看似普通的执法。市场不会尊重你的消息灵通，不会尊重你的预测灵验，它独立运行百年不赔，只相信结果，只尊重有持续赢利能力的强者。古话说，不要在同样的地点摔倒两次，但在投资领域，基本上是人人都做不到的。许多成功的投资者也都重复犯过同样的错误，经验证明，要想少犯错误，就得付出远远超出常人的辛苦，把成功交易的手法固化成自己的习惯。养成这种习惯到了一定的阶段，你就能够对每一笔交易认真总结和反思，知道哪些是偶然哪些是必然，慢慢地你会感觉风险可控了，进出也不急不躁了，你才算是开始走上了成功之路。

7. 传统文化可以提高交易智慧

交易者到了一定的程度，都会进入哲学境界。这些看似是虚的，其实却是最有用的。美国金融投资界的研究热点在20世纪末已从金融工程转到行为金融学上了，行为金融学更多的是在研究人性，因而有点艺术化的成分。

有时间可以读一些传统文化。有人把国学总结为六法：儒、墨、法、道、兵、禅。学习一些这方面的知识，对交易一定是有助益的，这些从浅表可能看不出来，但是在关键时刻却能表示出一种杀伐决断的气度。

例如，老子的思想在交易中就有指导作用。

"万物负阴而抱阳。致虚极，守静笃，万物并作，吾以观复。"

老子的意思是尽量做到虚空无欲，世间万事万物都是相生相克的，我观察它们不停地轮回重复。就像在投资中，我们尽量不要急功近利，要耐心守住你长期看好的优质品种，不要被其他因素影响自己。市场犹如宇宙万物，涨跌之间不停阴阳轮回，相互克制又相互依存，涨多了就会跌，跌多了就会涨。"阳极生阴，阴极孕阳"，牛市涨快了，涨多了，风险就不断加大，市场严重透支后熊市自然就会孕育而生。所以，牛熊之间总是不断地重复循环更替，就像世间的万物，不断地重复循环更替。

"众人熙熙，我独泊兮。俗人昭昭，我独昏昏。俗人察察，我独闷闷。我独异于人，而贵食母。"

当众人都在热闹时，我独自静静地呆着。世俗之人看似都很清醒明白时，我却像糊糊涂涂的样子。世俗之人看似精明至察，我却是晕乎乎的。我要不同于众人，要遵循道的法则。老子在这一章中其实通篇讲的都是要与大众不同，异于大众。我们做投资久了就会明白，投资就是要反人性，成功者永远是和大众思维不同的，所以巴菲特说："当别人贪婪的时候我恐惧，别人恐惧时我贪婪。"

"知人者智，自知者明，胜人者有力，自胜者强。"

能够了解他人的人是有智慧的，能够了解自己的人是高明的。能够战胜他人的人是有力量的，能够战胜自我的人才是真正的强者。在投资市场里混，就应该深入了解自己的性格和长处，并努力发挥自己的优势，那么你成功的概率就更大了。知识可以学，但克服人性的弱点却极其困难。所以说知易行难，只有战胜自己的人，才能在市场中成为真正的强者。再理性的人也难免会被情绪影响自己的操作，所以要经受人性弱点的考验，要战胜自己。战胜自己，除了大量的经验积累外，更重要的是经历磨炼和提高修养。

"大成若缺，其用不弊。大盈若冲，其用不穷。大直若屈，大巧若拙，大辩若讷，大赢若绌。静胜躁，寒胜热。清静为天下正。"

这一段包含了丰富的哲理，在日常生活中有用，在投资中更有用，理解了这些，就知道了为人处事、修身养性、投资心态的大智慧。

"反者道之动也，弱者道之用也。"

这是说，道是往相反的方向运转的，反向是道的运行规律，道的作用是微妙、柔弱的。这个"反"的道理，为一条线，贯穿了老子的主张。战国时代，到处都是机会，也到处都有风险，很多人在追求"有为"，老子却主张"无为"，他说"为无为则无不治"。世人都贪得无厌，要"金玉满堂"，他却唱反调，说"祸莫大于不知足。"世人都要

"为学日益"，他却要"为道日损"，而且还要"损之又损"，以至于无为。人人都要"坚强"，他却主张"柔弱"，因为坚强者，死之徒；柔弱者，生之徒。人人都敬仰"勇敢"，他却泼冷水，说"勇于敢则杀，勇于不敢则活"。人人都要"福"不要"祸"，他却说"祸兮福之所倚，被兮祸之所忧"。

总之，老子的主张，是凡事都要打破常规反向思考，所以他才比别人看得更深远，更全面。

作为一个反向思维者，假如老子穿越回来参与投资，他一定能在牛市中看到熊市有一天一定会出现。同样的，在熊市中，他一定会预测牛市总会到来。盖"牛兮熊之所倚，熊兮牛之所忧"。没有永远的牛市，也没有永远的熊市。牛熊交替出现，就好像白天与黑夜，月圆与月缺，春天与冬天交替出现那么肯定。知道这些智慧，投资者才能会在大牛市中，克制贪念，趁高离场，在熊市中排除恐惧，趁低吸购。这就是反向思维的力量，理解并继承老子的智慧，必能在市场上有所作为。

INVESTMENT

COMMODITY
TRADING

第九章

我说投资

几位资深玩家的心里话

在A股市场不景气的时候，不少投资者转战大宗市场，他们有新手，也有老将，有赔的，也有赚的，有打持久战的，也有玩一把就走的，不一而足。以下，转述几位有代表性的现货炒家的心理话，供大家参照自省。

韩少：现货投资是有技巧有策略的，不管多么有把握，都需要想到最坏的情况。不要满仓，满仓交易者总有爆仓的一天。

我叫韩少，今年36岁，今天在这里我想把自己的投资经历和心路历程分享给大家。好的地方大家借鉴，不好的地方请引以为戒。

那时候我根本没有什么钱，但我想搞投资，想通过投资改变命运。学习投资是艰难的，没钱人学投资更是苦涩的。

实话说，虽然我的工作还可以，但在如今高不可攀的房价面前想要立足简直是痴心妄想。有些心高气傲的我受不了这个刺激，所以就一心想多挣点钱来拼命证明自己。因为各行业都不景气，所以我不敢考虑经营实体，况且我一只菜鸟，在一个陌生领域一下子挣到钱谈何容易。我用几千块钱做过股票，后来借别人30万元做，算是有赚有赔吧，曾经，我以为我的本事见长了。可是，不期然来的过山车行情让我心惊胆战，于是我赶紧把别人的钱还了，又不甘心洗手不干，所以就用剩下的2万元试水期货。一年多的期货实战煎熬后，我对账户里仅剩的3000元说，期货风险太大了，咱玩不了。

思虑再三后，我把目光投向方式灵活而且没有门槛的现货投资。

一开始进入现货，我有些激进，可能是太想证明自己了吧。明明自己看准了行情方向，可一杀进去行情就变，真是不好琢磨。之前有位前辈告诉我，投机市场前一秒天堂下一秒地狱，看来还真是这样。为了稳定赢利，我捡起了做股票期货时学过的技术分析，深研了布林带、移动平均线、日本烛线、黄金分割线等，同时也每天关注财经动态，慢慢地开始对走势有感觉了，判断的准确率也大幅提高了。但是，投机市场变幻莫测，常常是看对了方向却赚不到钱，这是因为行情大幅波动会把本来正确的单子止损掉，也因为自己还是会犯一些投资大忌，例如频繁做单，赚钱的时候拿不住单子，被套时有侥幸心理等。这样，一年多过去了，虽说亏的不是很多，却也与自己预设的目标相去甚远。

后来，由于一个偶然的机会我认识了一位老师，他的指点和建议让我茅塞顿开。他的主要意思是：顺势，轻仓，行情企稳时才加仓，时刻不忘风险控制，精确的仓位计算、风险控制等。这些都是老师从实践得来的理论，再加上他生动的举例，让我感觉茅塞顿开。

之后我反复琢磨老师的话，再在实战中加以验证，于是很快就感觉心里有底了，虽然对行情的判断并没有更准确，但赢利的概率也渐渐大了起来。这时老师告诉我，虽然你有进步了，但以后的路还很长，要修炼自己，赚钱的时候要保持平常心，赔钱的时候也要冷静，要相信自己的判断，严格执行既定的作战计划。赔钱也是交易的一部分，要从失败的交易中学些东西，长长记性，这些亏掉的钱才真的起到了学费的功能。

我越来越深刻地认识到学习的重要性。不仅要学方法学知识，更要学习心法。经过这段时间的经历，我摸索到了适合于自己的投资方法，知道了投资是一个人的战争，战胜自己才能战胜市场。

对于调整交易心态，我总结出了以下几条：

第一，资金管理是基础。

科学的资金管理是保持好心态的基础。持仓太重，就像肩上压着重担的行人，路上稍有障碍就会摔倒，所以持仓不要超出自己的承受能力，一辆能开300码的车，也是开100来码最安全，安全的才是最快的。

做好资金管理，只做亏得起的交易，亏损应在承受能力之内。所以，资金使用规模可以从自己的最大止损额来计算，而不能以预计利润来算。这样，如果极端行情到来，你也不至于全军覆没。在市场里，只要活着你就有希望。

第二，亏损是交易的一部分。

害怕亏损是导致交易心态不好的根本原因。亏损是交易中的正常现象，亏损是交易的一部分，盈利和亏损一起才构成了交易，市场上不存在只有赢利或亏损的交易者。问题的关键是绝大多数人都把亏损当成错误的交易来对待，认为亏损了就是自己错了，从而不断要求自己准确地分析预测市场，以此减少止损数量。然而，市场是根本无法预测的，把亏损当成错误来看的人永远无法走出对行情不确定性的恐惧，从而畏手畏脚，无法在市场上充分施展拳脚。可以接受的亏损的幅度是多大呢？不同的人有不同的答案，但要记住一条，就是永远不要孤注一掷。

第三，止损永远是正确的。

要敢于止损，不能放任亏损无限制地发展，止损是一切交易计划的标配。

人非圣贤，在交易中难免出错，为避免小错酿成大错，有单子在手的时候就一定要盯住止损点，只要价格不到止损点，就可以一直持有，不必过分关注具体的小波动。止损是相对静态的，具有可控性，亏损可控了，你的心态就会好起来，好的心态才能带来稳定的收益。

还有，现货投资是有技巧有策略的，不管多么有把握，都需要想到最坏的情况。不要满仓，满仓交易者总有爆仓的一天。另外，投资现货用的钱一定要是闲置资金，是自己亏损得起的钱，否则，重压之下，交易时就无法做出冷静理智的判断。

投资说难也难，说容易也容易，只要你肯学习，肯坚持，就一定能行！

郑遥遥：干投资这个事情不可以硬扛，主力是狡猾的，也是狠心的，所以打不赢一定得跑。什么是趋势？趋势就是主力拉的单边行情，不搞死一方不结束，所以永远不要相信价格是太高了还是太低了。

2007年牛市的时候，我发现周边很多炒股的朋友都赚了不少，所以我也开始看投资方面的书，什么巴菲特、索罗斯的书，还有国内几个大家的书，都看。同时，我也开始关注财经新闻了，电脑上网看，用手机看，开电视看，家里人说，我都变成了地命海心的人了。

越看书，胆子就越大，越觉得股市尽在帷幄之中，于是一冲动，我一下子就把几十万元的全部家当都投了进去，要大干一场。可能是因为手气好吧，我一开始就赚钱，虽然赚得不是很多，但却很踏实，很有喜悦之心。

好日子总是过得飞快。2008的全球金融危机不期而至，结局大家都知道。我基本上心灰意冷了，不愿意再看股票。洗心革面了两年以后，我接触到一个做现货电子盘的朋友，他说的那些投资品种让我感到很奇特，什么玉米花生、生姜大蒜、萝卜白菜、大豆，还有猪肉柑橘等，一个比一个好吃。他告诉我，这些产品现在都被炒成了金融衍生投资品，比股票赚钱快，比期货灵活。出于对他的信任，我慢慢地把股市的钱全部斩仓，投入了这个新的市场。

此后，我会经常去关注一些农业新闻，关注那些交易商品的价格波动，我觉得自己就像一个买卖人而不是投机者。我开始尝到了甜头了，但由于有了股市的教训，我知道居安思危，所以还是很谨慎，一赚到钱我就出金，不再拿全部家当跟市场过不去了。

后来市场上发生了很多说不清楚的事情，我的资金也坐上了过山车，几次面临爆仓，但总是奇迹生还，这其中的原因，还得归结于自己跑得快。我越来越明白，干投资这个事情不可以硬扛，主力是狡猾的，也是狠心的，所以打不赢一定得跑。什么是趋势？趋势就是主力拉的单边行情，不搞死一方不结束，所以永远不要相信价格是太高了还是太低了。在市场上混了两年后，我虽然赚到了一点钱，但却在南方的一个平台上遭遇了无法出金的事情，后来老板居然卷款潜逃了。我的这一笔资金被卷走了，好在我每次赚钱都会拿出来一些，所以这次才没有血本无归。

有人说投资是一场赌博，我觉得不全对，虽然有时还真有赌博的成分。我想投资是一种博弈，就像下棋一样，你无法知道对手心里想的是什么，要动哪一颗棋子，但是你要看准整个盘面的动向。做单子时心态一定要稳，才能提高胜算，不要贪婪，也不要慌乱。人生如棋，投资亦如棋，我们能做得到的就是走好每一步棋，不要想着一夜暴富，而要把精力放在一个长远的规划上，稳中求进。人生需要博弈，为了成为高明的博弈者，我们需要学习很多东西。

其实，更重要的还是要先选择一个靠谱的平台，别输在了起跑线上哦！

连有兵：他们这是故意让客户亏损，他们好猎取佣金和头寸的分成，是的，连头寸都是他们的猎物。什么是头寸？头寸就是我们的本金。这是这帮人的生存之道，他们早已把这种违规行为在协议中免责了，法律意识真强啊。

现在网络发达，天天都有陌生人要求加好友。有一天，一个自称是投资专家的姑娘加了我，热情地和我聊投资，我还真听进去了，于是就天天和她聊。由于她极有耐心，讲得又深入浅出，没多久，我就开始信任她了。这段时间，她就给我发了不少资料，都是有关原油投资的，她很肯定地告诉我原油可以挣大钱，谁谁谁都发了大财，不投资就错过了良机。

经不住这些劝诱，我通过她安排的一个顾问老师的QQ号注册开户入金了。入金后，她给我安排了指导老师，老师也很专业，服务得很是周到。但我没想到，老师只讲软件使用方法，还没有经过任何培训和模拟呢，他们就直接让我激活实盘账户，说是不用担心，有老师喊单交易。喊单，就是老师明确地告诉你买卖方向，让你跟着下单交易。从2015年10月7日开始，我在这个平台上进行交易，交易品有沥青和原油。老师下单指令很强硬，他要求大家要懂规矩，必须听从他的指令操作，只要跟上他的节奏就一定是赚钱的，不听话的后果自负。刚开始还可以，第一天小赚，第二天也有些小利，我有些信任他了。但是第三天操作就十分不利，连续两次斩仓，我的资金赔掉了一半。之后，所谓的老师们又鼓动我继续入金，说一定能帮我赚回来。我听信了他们的话，三次入金，每次都以接近爆仓收场。

我受不了了，就把这件事情告诉了一个朋友，他告诉我，他们这八成是演双簧合伙骗你的，你到网上查一查，就会醒悟。

不查不知道，一查吓一跳。原来这些人的目的就是代理诱骗客户开户。不经任何操作培训和模拟就开始实盘操作，只谈盈利，不说亏损，甚至当客户主动问到风险时，他们就说风险可控，比股票安全等，并用各种数据来夸大收益。我慢慢了解到，这些所谓的老师，作用就是不断地给你洗脑，什么要相信老师的能力、要严格按照他的纪律操作、要全仓操作，你要是相信了，结果大都是巨亏。事后我才明白，他们这是故意让客户亏损，他们好猎取佣金和头寸的分成，是的，连头寸都是他们的猎物。什么是头寸？头寸就是我们的本金。这是这帮人的生存之道，他们早已把这种违规行为在协议中免责了，法律意识真强啊。在操作中如果碰到亏损了，老师就说下次一定会带你赚回来，从而诱骗投资者不断加大资金，不断说能带你赚回来，什么非农大行情，加息减息了，听得人热血沸腾，这一沸腾，往往是赔大钱的前兆。

醒悟过来后，我开始维权。但维权之路何其坎坷，明知他们是高额手续费，打着国际市场原油、沥青、白银现货的招牌，非法从事类期货交易，他们是做市商制度，目的就是杀你的本金。这帮人往往没有批文，也没有牌照和资质，但维权还是不容易。依据《2010年最高人民检察院、公安部关于公安机关管辖的刑事案件立案追诉标准的规定》《国务院办公厅关于清理整顿各类交易场所的实施意见》（国办发〔2012〕

37号）及《刑法》第225条的规定，他们是涉嫌非法经营罪的。他们属于变相的期货交易，采用保证金、做市商的交易方式进行标准化合约交易和连续保证金交易，实质上就是对赌，你的亏损就是他们的盈利，所以利益是冲突的，他们怎么可能让你赚钱？央视2014年的3·15晚会都曝光了，国家明令禁止了还有人在做，这些人当然是胡作非为，但有些投资的人也太糊涂了。

再说一句吧，投资前要深入了解，远离不法平台。

张其震：这种种现象需要我们认真观察总结，不是说一定要战胜庄家，只要能少上庄家的当，投资就成功了一大半。知道了这些内幕，我才充分认识到短期波动是无法预测的，所以价值投资的理念是正确的，在相对合理的价区建仓后中长线持有，收益才是稳定的和可观的。

我参与大宗现货市场四年了，充分认识到了做投机就是与主力玩心理战。

大宗市场的主流还是好的，但我在实践中常常会发现有些盘子上存在着庄家主力，他们往往使用各种手段设置陷阱，让散户迷失方向，以达到操纵市场的目的。这其中，我认识最深刻的是对敲，这也是不良庄家主力做虚假成交量、设置关键价位假突破的办法。

后来，一个偶然的机会，我得以进入一个操盘团队。这个团队打着市值管理的旗号，做的是操纵行情的事情。为了充分了解这个行当，我坚持干了一年多。这一年多的时间内，我参与过十多次"战役"，总结了他们的手法。他们要设置陷阱，方法很多，但执行起来往往都是用对敲制造曲线，制造成交量。对敲通常有两种方法，一是使用两条不同的交易跑道同时发出买卖指令，价位与数量大致相同，这时主力并不预先挂单，而是突然袭击，所以有时盘面上会发现挂的买、卖单都很小，但成交量中却突然冒出大笔成交；二是事先在委托盘中挂出一笔大的买单或卖单，然后一路打下去或买上来，迅速吃掉预埋的委托单，从而造成虚假的成交量和大幅的波动。

由于信息不对称，散户往往是片面地看待成交量，也只注重当日的成交量与价位。这就给了主力机会，他们会使用大量的对敲制造虚假数据。对敲在表面上看来与普通的成交没什么区别，所以比较容易隐蔽，难以辨别，因此很具有欺骗性。判断主力是否对敲，从成交量的放大以及价量配合的数据入手，是有效的。因为主力对敲一定会导致成交量的增加，但是由于是人为的操纵，所以这种放量会显得不自然，缺乏一致性和连贯性；在价量配合上也容易脱节。具体实践中，我们可以留意以下几个方面：

（1）从单笔成交量上看，单笔成交数较大，经常为整数，例如500手、1 000手，而且买盘和卖盘的手数较接近，出现这样的情况，通常买卖方都是一家的，可以判定是对敲行为。

（2）盘中突然出现大笔成交，但邻近的价位上挂单却很少甚至没有，这是主力对敲留下的痕迹。

（3）价格无故大幅波动，但随即又恢复正常，如股价被一笔大买单瞬间推高几个价位，但马上又被打回原形，图表上留下较长的上影线，这种情况多为主力对敲。

（4）行情突破放量上攻，其间几乎没有回档，价格一路攀升，这是明显的操纵痕迹，往往是诱人跟风，自己待机出货。

（5）盘面上挂单不多，但有大笔的买单将单子一扫而光，但由于散户挂单不多，价位也不高，所以价位不会有大的升幅，这种涨势是有意造出来的，是不可信的。

（6）某品种在一个时期内成交并不活跃，但当天却突然放量高开，这多半是主力在对敲，目的是控制开盘价。

（7）盘面忽然出现急跌，大量卖盘连续涌现，大有崩盘之势时，往往是主力在制造恐怖气氛，意欲洗盘。这时一定要冷静，不要因被洗出来而死在黎明前的黑暗中。

（8）全天都在弱势震荡，买卖盘各档挂单都较小，但尾盘时却突然连续大手成交拉升，这是主力在控制收市价格，为明天做准备的典型对敲行为。

（9）买卖双方挂单数本来正常，但突然间扩大了几倍、几十倍，这一定是洗盘对敲，因为正常情况下，买卖双方不可能在同一个时刻如此默契地挂单。

事实上，虽然主力操盘手法千变万化，但一般都离不开用对敲的方法吸筹、洗盘、拉升、出货这几个过程。这几个过程变化多端，其思维和手法和一般正常散户完全不同，这就是为什么散户思维要不得。主力操盘会有一个详细的计划，包括筹码收集多少，计划达到多高的价位，在什么位置需要多大的量完美，什么位置需要整理洗盘，当然还有出现了特殊情况怎么应对，技术回调的幅度多大，在关键位置会把指标做到多少等等。吸筹阶段，主力一般会用对敲控制节奏，利用阴跌或震荡收集筹码，这时候的盘面往往是温柔的，不会放太大量的。在收集到足够的筹码后，他们图穷匕现，以大的成交量给人出货的错觉，其实是在制造恐慌，目的是让散户交出筹码。出货时，对敲手段也在发挥作用，一般是边拉边出，盘面上看来，就是阴跌不断的品种突然放量上涨，涨了一段时间后就没有动力了。

这种种现象需要我们认真观察总结，不是说一定要战胜庄家，只要能少上庄家的当，投资就成功了一大半。知道了这些内幕，我才充分认识到短期波动是无法预测的，所以价值投资的理念是正确的，在相对合理的价区建仓后中长线持有，收益才是稳定的和可观的。

方天中：了解这些庄家骗线的手段，散户就可以在实盘中认真分析研判，一旦认定是主力的手段就立即反其道而行之，从庄家骗线的过程中获益。经验老手都知道，骗线常常是短线入场的最佳机会，如果短线出现骗线迹象，就可以考虑反向操作，上破做空，下破做多，但前提是严格止损，不要聪明反被聪明误。这种操作方法适用于有一定经验并且手法激进的投资者，新手以及稳健型投资者一定要慎用。

转眼之间，我也做了四五年现货了，我参与的主要是中远期交易模式，现货发售模式做的不多。

多年的操作中，我发现这个市场庄家主力无所不在，他们像一些无良的股票期货庄家一样，会挖空心思制造假象诱骗小散户，这就是所谓的"骗线"。

我总结了一下，主力的骗线行为主要有以下主要手段，供各位在实战中参考。

（1）在分时线上做文章。由于分时线基本可以反映市场运动的完整轨迹，所以分时线的起落变化是交易决策的重要参考，因此，分时图常常会被主力用作道具。分时线骗线的特征往往是在盘中突然出现并且快速延续，等到有足够多的人上钩后，他们就会迅速走出相反行情，收网大吉。

（2）日线是投资者平时接触最多的，不少投资者会据此做出买卖决定。很多主力正是利用了这一点，在自己即将出货之前往往刻意拉升以迷惑小散，刻意制造出日线连续上扬的形态，等时机成熟后大量卖出了事。同理，市场上还有周线骗线，是用来欺骗所谓的价值投资者的。

（3）技术指标骗线。就是主力通过控制技术指标计算公式中变量来达到自己需要的指标数值，从而制造假象，让小散亏得从此开始怀疑指标。

（4）有时主力会通过虚假数据和消息迷惑中小投资者，以实现到自己的操作目的，发布这些假消息的途径很多，有时甚至会公开发布到媒体上。

（5）有时主力会故意低开低走，制造行情上攻乏力的走势假象。在这种情况下，一般是打到跌停附近他们就接盘，然后第二天还会持续打压，再度低开低走。一旦这种"打压"结束，主升浪就该来了，所以要有定力，不要被迷惑。

（6）有时主力很沉得住气，在整个交易日内都没有什么动作，而在接近收市的几分钟内却迅速推高，目的是在日线图上制造出完美的技术图形。有时主力会连续几日在盘中打压，但在尾市却忽然拉高，这样一则可以让图形好看，二则可以将收盘价推高，为次日继续派发腾出空间。

了解这些手段，散户就可以在实盘中认真分析研判，一旦认定是主力的手段就立即反其道而行之，从庄家骗线的过程中获益。经验老手都知道，骗线常常是短线入场的最佳机会，如果短线出现骗线迹象，就可以考虑反向操作，上破做空，下破做多，但前提是严格止损，不要聪明反被聪明误。这种操作方法适用于有一定经验并且手法激进的投资者，投资新手以及稳健型投资者一定要慎用。

张发：有人会问到，许多市场一开盘就会连续封板，但是会涨多少个板呢？其实大家心里都是没有把握的，有货的怕卖早了，没有货的担心买入被套。这个问题没有统一答案，一般来说，得了解现货市场的情况，多参考现货市场的数据，不要受别人意见的左右，才能掌握商品的真正价值，以做到心中有数；同时，还要分析主力的持仓比例和成本，做个聪明的跟随者。

市场是残酷的，往往需要耐心和智慧来参与博弈。干了几年现货交易，各种模式都试过，不过最有心得的还是发售模式，虽然失败的教训太多太多了，但也确实积累了一些小经验，说出来供大家分享或指导。

（1）成交量这个指标很重要，它的变化往往领先于价格的变化。主力有能力弄出大的成交量骗人，但却无法弄出小成交量骗人。有道是天量天价地量地价，所以低位放量上涨时要买入，高位放量但不涨时要卖出。

（2）长期投资者可以在月线和周线都处于谷底时分批买入；在月线和周线都处于峰顶时清仓，遵循这个原则，就会有不错的收益，至少不会有大的亏损。

（3）创新高可以引来大量买盘，协助把行情推向天价。这时往往是庄家高位派发的大好时机，所以高位跟风要谨慎，不要头脑发热。

（4）当短期下降趋势线被向上突破时，就是短线买入的大好时机，胜率很高。

（5）在拉升期间，行情虽然也会下跌，但这是上升过程中的回调，是技术上的要求，也可能是主力的障眼法，在这种情况下，往往不久就会恢复上升的势头。所以，多头市场的回调就是吸纳的机会，空头市场的反弹就是逃命的机会。

（6）当出现均线多头排列、黄金交叉等情况，同时又伴有大成交量时，需要弄清成交量是否真实，来决定是否买入，以免上当。

（7）当行情上涨时，市场上总是在传播各种利好消息，如政策面、活动等，行情下跌时则是坏消息满天飞，这些大都可能是烟幕弹，投资者一定要有清晰的头脑加以辨别。

（8）如果月线和周线都在低位，发现上升势头就可以重仓买入，等到天量天价，月线和周线都在高位时就可以平仓了，这是个简单的原则，坚持找这样的机会就可以获得较好的效益。

（9）如果盘跌了一段时间后，跌幅慢慢地小而成交量又突然放大，多半是主力介入所致，这时就可以大胆介入，胜算不小。

（10）可能有人会问到，许多市场一开盘就会连续封板，但是会涨多少个板呢？其实大家心里都是没有把握的，有货的怕卖早了，没有货的担心买入被套。这个问题没有统一答案，一般来说，得了解现货市场的情况，多参考现货市场的数据，不要受别人意见的左右，才能掌握商品的真正价值，以做到心中有数；同时，还要分析主力的持仓比例和成本，做个聪明的跟随者。

杨伯才：就这样上了假OTC的当，这是个噩梦的开始，什么老师指导，什么资金托管，什么收效率高！反正，这10万元很快就所剩无几，然后在他们的诱导下又追加了两次资金。

结果不用我多说了吧，参与过原油的客户十之八九都这下场。都怪我的轻信。现货市场是政府支持的，多数平台都是规范的，但也有不少骗钱的，原油和白银有一些就属于这一类。记住这种不规范的OTC吧，千万不能再上当了！

我是一名普通的公务员，没有太多的积蓄，也没有炒过股票期货，更不用说现货投资了。有一天在上班时间，刚完成一件事情受到处长表扬心情大好时，手机响了起来。我还没开口，对方就主动说："您好，我们公司是石油交易所会员单位，专门为投资者提供前期介绍、开户以及后期服务的公司，我们凭借强大的金融研究实力、综合性的媒体传播渠道、全方位的客户服务体系，领跑交易所的各大会员单位。"我问她什么是原油交易？她回答说："原油是由石油交易所推出的一款原油投资理财产品，与国际原油价格接轨，以人民币方式报价的国内原油投资产品。这种原油交易是国际最先进的投资方式，可以双向交易的，所以不管原油价格怎样，只要有波动就有获利空间，而且是T+0的操作模式，24小时都可交易，时间灵活，交易不受限，而且风险可控，是中短线投资者的首项选择。最关键的是，客户的资金都是由银行进行托管的，所以说很安全，它是比股票还要有优势的投资方式！请您先了解一下，觉得可以的话，可以随时操作，并且也可以去银行进行咨询。"最后，她又强调说，资金是银行存管的，很安全。

她一口气说了这么多，我觉得挺动心的！所以我给了她一个信箱，她马上就把一些资料发给了我，包括交易所简介，入市指南，交易技巧，等等。

第二天，她又打电话来问我以前做过什么投资，我说了解些股票，她说："由于当前股市深度整理，调整过大，使更多的股民资金被套，你做的怎么样？你对新兴行业石油投资了解多少了？"我说看了你发的资料，有了一点点了解，她回答说："你可以进一步了解一下，现在全国一亿多股民有35%已经在了解或者操作了，炒现货石油和炒股票一样，直接可以在网上交易的，也是看大盘和K线图交易，但它比股票更简单更灵活，双向交易风险可控，你可以深入了解一下，并与股票做个对比！中国的股市不健康，只能做多不能做空，跌了就套着不能动了。原油则不同，涨跌都有获利机会。股票是今天买明天才能卖出，原油是当天可以买卖的，不易被套住。另外，股票只有白天的四小时，原油24小时灵活交易时间，你有时间可以去操作，没时间就不要放单子在里面，盘中随时可以设止损止盈位，控制风险。而且，它是单一的理财品种，获利空间远比股票要大许多，不像股票你去分析哪个板块哪只股票比较好，费神费力，庄家操纵易暴涨暴跌，大鱼吃小鱼，小鱼吃虾米，散户是很难获利的。投资做原油，获利一个点就是股票的一个涨停板，获利空间要比股票大得多！你如果股票做得不好的话，也不要做了，做原油好了，你想想看，做股票私募的都在投资组合里加上原油了，散户就更不用多说了是吧！"

这一通话讲完，她又说可以教我看盘，也可以带我简单模拟操作。

我一看盘，感觉不得要领，就在网上找她，她热情地说："相比其他的品种来说，原油更容易了解与掌握，你刚开始不得要领是正常的，我们这里很多客户也都是从零开始的，我们不仅会教你如何交易下单，且我们每月定期会给客户进行技术培训和每天给出行情分析报告，来增加客户的交易质量！"我问具体的交易流程时，她说："这简单极了，原油有专门的交易系统，也是通过电子交易平台实时交易，在网上或手机上交易。刚开始做，你可能不大熟悉，之前也说过我们这边有专业服务团队和老师，每天会发操作建议。这种产品的收益高风险小，很适合你。投资任何理财产品都是有风险的，我们主要看他的风险与收益的比例。由于是T+0交易机制当我们发现做错方向的时候可以及时做出止损，所以客户的风险可控性会更好，因此收益性远远大于风险性！资金方面，石油交易所和国内多家银行合作，例如光大银行、工商银行、建设银行、浦发银行、农业银行、招商银行，像证券公司一样实行资金第三方存管，资金安全完全可以放心。"

她又一次强调了资金托管的事情，强调了资金的安全性。

看我有兴趣，她接着说："我们的开户是很简单的，像你在证券公司开户一样。我们是石油交易所1234号会员单位，可以通过我们办理开户手续。资金账户也是由银行和你自己监管的，很安全。做原油交易，白天与晚上都可以在网上交易，看你的时间安排。收费是每笔交易双边收取，单边是万分之八。由于原油市场刚起步，市场前景非常好，现在国家也在大力支持这个项目，所以暂未收其他费用。我公司免费为客户开户，免费为客户提供理财投资指导。"

我又问了几个开户的具体问题，她耐心地做了回答。

次日是周六，她主动打电话来说周末人少，开户方便。是啊，人家周末上班，这么敬业而且热情，我怎么好意思拒绝！于是我就开了个户，放进去10万元。

没想到这是个噩梦的开始，以后的故事不用讲了吧，什么老师指导，什么资金托管，什么收效率高！反正，这10万元很快就所剩无几，然后在他们的诱导下又追加了两次资金。

结果不用我多说了吧，参与过原油的客户十之八九都这下场。都怪我的轻信。现货市场是政府支持的，多数平台都是规范的，但也有不少骗钱的，原油和白银有一些就属于这一类。记住这种不规范的OTC吧，千万不能再上当了！

牛震国：不以涨喜，不以跌悲，客观冷静地观察行情。他们知道，亏损不可怕，亏损也是交易中的一部分，只要亏得明白，控制得合理就行。只有到了这个境界，赚钱才会成为水到渠成的事情。

一提起交易员，大家都会想到人家的技术很厉害，但我的现货投资经验告诉我，技术最多能占百分之二十的比例，比技术更重要的，是仓位管理和风险控制。这两条是构成所谓交易系统的核心内容，还有什么比这两条更重要的呢？告诉你，就是心态。

我的经验和教训告诉我，要想在市场里生存，就需要训练出良好的心态，而这往往又是最难的。一般人从入行到成熟要经过以下几个心态变化。

第一阶段：不知道怕。

大家都经历过这一个阶段。由于知道现货投资有赚大钱的可能，所以不少人头脑一热就入市了。所谓初生牛犊不怕虎，有意思的是，刚开始几单，生手还往往会赚些钱，这既有手气因素，又有不受恐惧和贪婪影响的原因。但是，一个生手的手气不可能永远好下去，许多人在小赚几把后就开始走上亏损之路，直至爆仓。所以，生手赚钱不一定是好事，因为这时会得到一个心理暗示，就是交易赚钱太简单了，有了这种心理暗示后，生手就会自认为是老司机，所以交易时就会左右开弓，随心所欲，出现亏损时不但不考虑止损，而且会加仓赌把大的，当然这样有时会侥幸捞回来，但大多数人最后都会以爆仓告终。

第二阶段：知道怕了。

在这个阶段，很多人认识到靠交易赚钱并不容易，还是需要些知识积累的。所以，有心人就会大量阅读技术书籍，并到处搜集基本面信息，有些人还会探索必胜交易法，并且常常有新创意，还会从这个方法到那个方法频繁尝试。最后，有些人还会把交易软件里的所有自动交易系统都测试一遍，从均线到菲波纳奇线、从支撑阻力线到MACD、从基金分割法到KD。有了对这些工具的了解，一些人开始寻找市场反转的精确点位，开始试图"买底卖顶"。

这个阶段的人大多都会热衷于泡投资论坛，当看到别人赚到大钱时，就会设想明天的自己也是这样。有时，一些人可能还会在论坛上找一个师傅，来跟着他操作。不过很快就会发现，不论这个师傅是真的好还是假的好，还是没法跟着赚钱。后来才知道，即使师傅是真的高手，他的操盘手法还是学不来的。

于是，一大半的人在这个阶段就放弃了，如果能不放弃，在市场里跌跌撞撞地生存下去，就可以进入下一阶段了。

第三阶段：成熟阶段。

能够进入这一阶段的人都有一定的功力，大部分人还能够心态平静地以一个局外人的眼光来看待市场，耐心地等待最佳做单时机，他们不以涨喜，不以跌悲，客观冷静地观察行情。他们知道，亏损不可怕，亏损也是交易中的一部分，只要亏得明白，控制得合理就行。只有到了这个境界，赚钱才会成为水到渠成的事情。

颜小纾：谁最善于输，谁输得最明白，谁就会赢得最后的胜利。聪明的人能从自己的错误里学到东西；而智慧的人，能从别人的错误里学到东西。有人说不能在同一个地方跌倒，但搞投机就不行，谁都会重复犯错，因为市场千变万化，没有定式。

作为一个女性投资者，我的经历真的算得上丰富。十几年来，我涉足过黄金外汇，也做过期货，股票就更不用说了。进入大宗商品市场，还是最近几年的事情，不过因为之前有些投机市场的经验，所以我上手还算是快。

做大宗交易，其实和股票期货的原理是一样的，因为都是投机，没有本质区别。但是，每一个交易方式都有各自的特点，大宗交易的特点也得认真揣摩研究，弄清楚规则，再入市交易。

我的感悟是，做交易首先要心中有数，要想心中有数，就一定要打好基础，商品的特性、历史图表、基本面的情况、重要的技术关口，都要充分了解，这样临场才不会受心态影响。

其实交易是失败者的游戏。谁最善于输，谁输得最明白，谁就会赢得最后的胜利。聪明的人能从自己的错误里学到东西；而智慧的人，能从别人的错误里学到东西。有人说不能在同一个地方跌倒，但搞投机就不行，谁都会重复犯错，因为市场千变万化，没有定式。所以做交易，你就得正确对待亏损，你亏损的姿态越像样越从容，亏损就越来越可控。我为什么老是提到亏损呢？因为市场上亏损的机会太多了：如果你使用价值投资，就可能长期被套，也可能赚到钱又回吐回去了；如果你使用量化投资的话，全部依赖指标机械操作，自己在关键的时候不懂得怎么把握，一次大亏就全完了。我在迷茫的时候也曾经到处求神拜佛找师傅，结果也没有什么长进，不是师傅没跟对，而是自己的悟性不够吧，而且听人说，这种操盘技艺是"连儿子都教不会的"，也就是说无法复制。经历了种种磨难后，我想，咱拜神没有结果，是不是因为神认为咱自己能行？所以就自己慢慢摸索操练吧，结果呢，还真的就上道了。悟道得靠自己，遇到好的师傅，也不过是给你些修炼的方法和警示而已，我们学别人主要是学人家的定力、能力、勇气和纪律，谁也不会有一套什么现成的赚钱方法传给你，即使他愿意教给你，你也未必能掌握。

学交易，一般都得直面亏损期。这也是必然的学费，所以有人会说高手是"在爆仓中成长"。这么高昂的学费，你在亏损中能摸索出什么很重要，否则就算浪费资源了。我想，有几个衡量把握亏损能力的维度，大家可以对照研究一下：一是在你的亏损交易中，是不是感觉损失越来越可控；二是止损过后发现错了，或者说不止损坚持一下的话反倒可以扛回来，这种情况下是不是特别的懊悔；三是观察自己亏损的原因，重复犯错的概率是不是越来越低？

我认为把控亏损的原则应该是可预见、可控制和可承受。每次亏损了，就得自己认真总结反思，而不是怨天尤人。在交易中，人不是在与市场斗争，而是在与自己斗争。人生最大的敌人是自己，这是实话，很多人都是败给自己的。

所以，要加强修炼，自己强大了，就可以正确看待盈亏，就可以在市场上慢慢成熟，直到立于不败之地。

赵兵：习惯性的自律是成功的保证。我是交过很多学费的，有些类型的学费还重复交过许多次也毕不了业。听说过有些高手是基本上没有交过学费的，但那是高人，那是浑金璞玉，一般人不可能做得到。我只是以简单的本分的心态，踏踏实实地走好每一步，做好买卖计划，严格的按照计划去执行。这样稳步前行，扎扎实实走了一段，感觉水平是真的有所提高了。

我没有上过大学，平时读书也不多。我是无意之间介入现货市场的，因为所在的是粮食单位，有参与农产品交易的需求。当时我是搞行政的，但公司在做大宗现货交易，时间久了，耳濡目染之下我也慢慢知道现货是怎么回事了，当看到操盘人员时而高兴时而沮丧的表情时，我十分茫然，原来现货投资有这么折磨人？

后来单位里操盘的人离开公司了，由于我平时琢磨得多，又喜欢和别人沟通，领导知道我有这方面的兴趣，就决定让我学一下，还鼓励我用小资金先操练一下。这一操练，就无法收手了。半年后我从单位辞职了，原因并不是因为发财了看不上这点工资，而是亏损的太多，靠工资永远也无法翻身了。

由于读书不多，我想补上，所以就有意学了技术分析，后来又痴迷于调研现货市场，再后来，听说传统国学对交易有帮助，我就努力学以致用。通过一段时间的实践和感悟，我明白了无论佛学、武功、还是投资交易，其深层的道理都是相通的。我通过自己做投资的体悟，明白了投资是一个修炼的过程，自己必须得从"无招"进化到"有招"，然后再回归到"无招"，这种归真的过程是一种蜕变，一种自我超越。一个初学者跟着感觉走也叫无招，但是，跟高手与市场契合为一体的无招，实在是天壤之别。因为高手都是从无招到有招，再升华到无招的，初学者直接无招又不思进取，那叫瞎搞。

我很喜欢华罗庚说的读书三个境界，"读书是由薄到厚，再由厚到薄的过程"，这和我们说的无招到有招再到无招，是一个道理，读书时最后阶段的薄跟开始时的那个薄，是完全不同的。操盘进化过程中的两个无招也是天壤之别的，这是共通的道理。是的，许多事情到了一定的高度后，其道理都是相通的。

现在我做现货投资基本上算是心中有数了，能够达到目前的所谓境界，我自己是费尽了周折的，到现在我还是说，没有捷径可走。我在市场里交过许多学费，是真的用真金白银去交的，不是模拟单。我深深地知道，要在市场上赚钱，只能靠你自己，求神拜佛找大师，最好的结果无非是给你某种启示，谁也无法把他们的市场能力拷贝给你，谁也无法代你行事。我是交过很多学费的，有些类型的学费还重复交过许多次也毕不了业。听说过有些高手是基本上没有交过学费的，但那是高人，那是浑金璞玉，一般人不可能做得到。我只是以简单的本分的心态，踏踏实实地走好每一步，做好买卖计划，严格地按照计划去执行。这样稳步前行，扎扎实实走了一段，感觉水平是真的有所提高了。

我真切地感受到，交易不能临时起意，要有计划，要知道出现了什么情况该怎么办。有了自己摸索出来的一套办法，再加上认真执行和刻苦修炼，就一定会越做越好的。

一句话，习惯性的自律是成功的保证。

范长先：提高交易技巧的一条必由之路，就是把控情绪，把控风险。因为投资的本质就是管控风险，就是与狼共舞。其实一些交易大师总结出来的心得也就是那么几条，记住这些也不难，但是，某些观点必须经过实战的重复检验才能铭记在心，才能变成自己的东西。大师们总结出的市场经验如果不能被正确理解，不能在实战中检验，就可能会产生偏见，这种偏见积累多了，就会常常犯习惯性错误。

　　我是一个老股民，在股市上学过不少技术分析方法，也认真地在实战中运用过，效果还算不错。后来介入现货大宗市场后，我觉得还是同样有用，因为道理是相通的。我认为，技术分析既可以反映市场目前的状态，也可以预测市场走势，问题在于你怎么活学活用。

　　我发现，股市上赔钱的人占大多数，这些赔钱的人一定有一些共同点。了解了这些共同点，就可以引以为戒，避免走这些人的亏损之路。不了解这些，就很难成为真正的赢家。

　　交易是一种必须经过多年磨炼才能精通的技巧，成功需要时间营造，更需要从错误中学习提高。在市场里生存，首要的不在于如何赚更多的钱，而在于如何少赔，如何赔得清楚明白，如何通过风控来保证自己有下一个交易日下单的权利。

　　提高交易技巧的一条必由之路，就是把控情绪，把控风险。因为投资的本质就是管控风险，就是与狼共舞。其实一些交易大师总结出来的心得也就是那么几条，记住这些也不难，但是，某些观点必须经过实战的重复检验才能铭记在心，才能变成自己的东西。大师们总结出的市场经验如果不能被正确理解，不能在实战中检验，就可能会产生偏见，这种偏见积累多了，就会常常犯习惯性错误。我发现，能够长期稳定赢利的人都追求简单法则，秘密还在执行，简单的方法认真地执行，就可以成为市场赢家。

　　有些人一入市就能赚钱，不过，这很可能是祸不是福，因为这只不过是幸运而已，不是自己的能力有多强。有些人会把这种幸运带来的偶然性视为必然性，认为自己就是交易天才，这种自大是通往毁灭的捷径，许多投资者在大赚之后遇上个波折就输了个精光，原因就是于此。

投资不容易，市场随时都可能套住你，所以一定要习惯于止损，即使止错了也不能后悔。同时，最好养成写交易日志的习惯，把每天的每笔交易及进场理由都清楚地写下来并事后认真总结，过一段时间以后，交易技巧必定会显著提升。

再强调一遍，一定要学会止损，否则一次失误就会万劫不复。这是我用金钱换来的真经，切记切记。

高开虎：投资要学会区分李逵平台和李鬼平台。选择一个好的正规的大宗平台，投资赢利的机会其实比股票期货还要大。在当今的大宗市场上，还存在有大大小小的李鬼，他们经过千锤百炼，伎俩已不容李逵等闲视之了。如今李鬼依然猖獗，他们往往扮成正规的平台出现，投资者一个不小心，就可能会中了他们的阴招。

《水浒传》第四十三回"假李逵剪迳劫单人，黑旋风沂岭杀四虎"有个人物李鬼，拉大旗作虎皮，冒用"江湖上有名目，提起好汉大名，神鬼也怕"的黑旋风李逵名号，剪径劫单人。他脸上搽墨，手持两把板斧打劫，一般客人见到后都会扔了行李，望风而逃，李鬼就可以抢劫一些不义之财。这一回的结局是，假李逵遇到真李逵，李鬼露出了原形。

在当今的大宗市场上，还存在有大大小小的李鬼，他们经过千锤百炼，伎俩已不容李逵等闲视之了。如今，李鬼依然猖獗，他们往往扮成正规的平台出现，投资者一个不小心，就可能会中了他们的阴招。

如何鉴别真假平台呢？我在十几家平台上做过投资，也有过几次上当的经历，但由于现货业投资机会多，不忍放弃，我还是坚持做了下来，收获还算不小。做现货投资，首先得找到正规平台，不要被李鬼给忽悠了。这些年，我总结出了一套鉴别真假平台的经验，在这里跟大家分享一下：

第一，就是要看平台的各种资质。至少要有省级的批文，商务厅或金融办的，投资者区分真假平台，这是关键标准之一。当然，省级政府也包括宁波、大连、青岛这些副省级城市。

第二，看出入金方式有无限制。根据各大银行的结算时间，在平台规定的常规出入金时间段客户应该可以自由出入金，并且是几分钟内到账，甚至是几秒钟到账，正规平台的出入金不会有限制或延迟。但有些平台会通过支付宝、微信等方式出入金，这类似半托管的方式很容易让人误解为银行三方托管，但很可能为一些违规平台所利用，最终将资金转入平台自己的公司账户，这样，投资者的资金安全就无法得到保障，只有自求多福了。

第三，看资金是否安全。第三方银行的介入可以确保客户资金安全，正规平台都会实行资金三方托管，由银行作为第三方为投资者的资金做托管，所有客户资金均由签约银行负责监管，投资者可以通过银行账户查询到自己的资金动态，自己没有指令，平台无法转走资金。

第四，看交易软件是否可信。对于交易系统软件，投资者可以自行登录各平台官网下载。一般正规的平台均有模拟盘，方便投资者进行模拟操作，为实盘交易做准备。规范的交易软件是公开透明的，客户可以透明操作，不受人为的控制。同时，交易系统是个封闭系统，禁止任何未经授权的第三方系统接入。

第五，正规的平台都会详细介绍注意事项，会提醒投资者入市有风险。相反，许多不正规的平台都会通过代理商的"老师"喊单，这种方式有时会让你小赚一点，等取得信任后，开始反方向喊单，而且把止损点设得非常大甚至不建议你止损，让你确信一定能赚回来的，最后越亏越多，还诱导你追加资金，直至爆仓。这种平台一定是黑平台，一定要远离之，并且要保留好证据，做好维权的准备。

选择一个好的正规的平台，才是投资赢利的开始。